Ferdinand Pflug

Von nah und fern

Ferdinand Pflug

Von nah und fern

ISBN/EAN: 9783744628235

Hergestellt in Europa, USA, Kanada, Australien, Japan

Cover: Foto ©Andreas Hilbeck / pixelio.de

Weitere Bücher finden Sie auf **www.hansebooks.com**

Erstes Capitel.

Die erste Tageshelle des 14. Juni 1675 kämpfte noch mit Regen und Dunkelheit. Allmählich traten die Umrisse der Stadtkirche und der die gegenüberliegende Seite des Marktplatzes von Rathenow begrenzenden Häuser mehr und mehr aus dem trüben Grau hervor, das alle Dinge nah und fern in seine Schleier hüllte. Noch schien indeß unter der Herrschaft des unfreundlichen Wetters alles Leben in der kleinen Stadt erstorben. Nur die Schwalben streiften mit ängstlichem Kreischen den Boden, und hin und wieder ließ sich durch das Plätschern der Gossen und durch den monotonen Fall des niederrauschenden Regens der Weckruf eines wachsamen Hahns vernehmen.

Die empfindliche Kühle des erwachenden Tages mochte auch das junge Mädchen, das sich nahe dem offenen Erkerfenster eines der stattlichsten Häuser am Markt in einen alterthümlichen Sessel nachlässig zurücklehnte, aus ihrem tiefen Sinnen erweckt haben. Fröstelnd zog sie das ihr halb von den Schultern herabgeglittene Wollentuch wieder empor, das, fest angeschmiegt an den hoch- und schlankgewachsenen Körper, die von dem leichten Nachtgewande kaum verhüllten Formen in ihrem ganzen jugendlichen Reiz hervortreten ließ.

„Gottlob! der Tag bricht endlich an," flüsterte sie, „die Nacht, diese ewige Nacht ist vorüber. Ach, aber auch der Tag vermag mir keine Aenderung mehr zu bringen!"

„Mein Kopf glüht," nahm sie nach einem langen, träumerischen Nachdenken das vorige Selbstgespräch wieder auf, „vergeblich mühe ich mich, einen Gedanken zu fassen. Ja, wenn ich wüßte, daß . . . allein es ist ja doch nun Alles vergeblich. Läßt mir denn dieser irrthümlich an mich bestellte Brief noch irgend einen Zweifel übrig und hat die Falsche mir gestern Abend, als ich mit meinen Fragen in sie drang, nicht selber die Werbung des Henning um sie und ihre Liebschaft mit demselben eingestanden? Und ich Thörin konnte wähnen, daß . . . Sie, und immer sie!"

Das Mädchen hatte während des gewaltigen

Ausbruchs der in ihr aufgestürmten Gefühle das von einer flammenden Röthe übergossene Antlitz in ihre Hände geborgen. Erst nach einer langen Pause schüttelte sie die braunen Locken und richtete langsam das Haupt wieder empor. Nur in den dunkeln Augen leuchtete es von einem unheimlichen Feuer; ein scharfsinnender Ausdruck lag in ihren Zügen.

„Es ruht bei alledem noch ein Geheimniß über dem Allen," ließ sie ihren Gedanken Worte. „Sie, die Tochter des reichen Herrn von Briest, und er der einfache Verwalter auf dessen Gütern! Es ist ja auf alle Fälle doch keine Verbindung zwischen den Beiden denkbar. Was kann sie beabsichtigen und was war es, das gestern bei meinem wiederholten Hinweis auf diese Unmöglichkeit sie erst verlegen verstummen machte und schließlich ein halbes Lächeln auf ihre Lippen treten ließ?"

„Doch was frage ich noch?" steigerte sie sich schnell wieder zu der vorigen Leidenschaft hinauf. „Nur um mich im Herzen zu treffen, hat sie ihre Netze nach dem Manne ausgeworfen, den ich mir zu gewinnen strebte. Ist es denn mit den Offizieren unserer schwedischen Garnison anders? Sind denn nicht Alle, seit das Unglück die vornehme Dame in unser Haus geführt hat, der neuen Sonne zugeflogen? Und doch, was kümmern mich diese, ich verlange ja

1*

nur nach dem Einen! Warum mußte sie mir auch den noch rauben? Freilich, seit meiner frühesten Kindheit habe ich, das einfache Bürgermädchen, stets dem stolzen Edelfräulein nachstehen müssen. Aber diesmal, nein, diesmal kann und will ich ihr nicht weichen. Johanna, hüte Dich! Du oder ich! Nur eins steht fest bei mir: wie sie mich getroffen hat, will ich sie wieder treffen. Wenn er mir nicht gehören soll, so darf auch sie sich dieses neuen Triumphes über mich nicht freuen!"

Eine finstere Drohung lag in den funkelnden Blicken des Mädchens ausgesprochen. Ihre Lippen zuckten unter der stürmisch sie erregenden Bewegung, ihr Busen wogte. Noch schneller jedoch wichen diesmal die verrätherischen Zeichen dem vorigen scharf sinnenden Ausdruck. Allmählich hellte ihr Gesicht sich auf und ließ das Ansprechende der Einzelnheiten desselben zum erstenmal in ihre vollen Rechte eintreten. Nur vielleicht ein höheres geistiges Verständniß fehlte diesem Antlitz, um seines Erfolgs für alle Fälle versichert sein zu können. Und dennoch mochte eigentlich auch dieses kaum vermißt werden. Die freie, von dem dunkeln Lockenhaar umwallte Stirn und die eine tiefe Empfindung so gut ausdrückenden Augen widersprachen jener Annahme. Andererseits ließen freilich gerade die Augen mit

ihrem stechenden Glanze und ihrer unruhevollen Be-
weglichkeit, so wie der etwas zu groß geformte Mund
das Ueberwiegen heftiger Leidenschaften in diesem
Antlitz auffällig genug hervortreten. Reifes Ueber-
legen und bewußtes Maßhalten sprachen nicht aus
diesen Zügen.

„Ha, ich hab's!" richtete sie sich triumphirend
aus ihrer nachdenklichen Haltung auf. „Daß ich auch
nicht früher auf diesen doch so nahe liegenden Gedanken gefallen bin. Nichts ist am Ende einfacher.
Ihr Vater muß von der Liebschaft seiner Tochter
mit seinem Verwalter benachrichtigt werden. Der
alte Herr, so wenig er anscheinend auch auf seine
Stellung als Edelmann giebt, hält doch viel zu sehr
auf seinen alten Adel, um nicht auf die erste Kunde
hiervon sofort dem Verständniß zwischen den Beiden
ein Ziel zu setzen."

„Aber." unterbrach sie sich, „wie diese Benach-
richtigung an ihn gelangen lassen? Johanna kennt
meine Handschrift, und wenn ich dieselbe auch ver-
stellen wollte, würde sie doch zunächst immer auf
mich, die ich wahrscheinlich allein ihr Geheimniß
kenne, zurückschließen. Auch würde ja ein offener
Verrath mir selber jede Hoffnung abschneiden, und
noch — nein, noch gebe ich diese nicht auf — — —
Mein Vater! Wenn ich mich an meinen Vater

wendete —?— Darf ich denn aber nur erwarten,
daß der mir Gehör schenken werde! Seit der Krieg
den Feind in's Land geführt hat, hält dieser leidige
Zwist alle seine Sinne gefangen und nachdem die
Schweden nun gar in unsere Stadt eingerückt sind,
ist mir bei ihm über den allbesorgten und gestrengen
Bürgermeister der Vater vollends verloren gegangen.
O, wenn ich noch eine Mutter hätte — ich oder
Johanna, wie so leicht wäre mir damit die Vermit=
telung geboten. Seltsam, daß wir Beide, sie und
ich, uns in der gleichen Lage befinden."

„Indeß — welch' glücklicher Gedanke! Ja, das
ebnet mir alle Schwierigkeiten! Der Kommandeur
des schwedischen Dragoner=Regiments, der Oberst
von Wangelin, hat ebenfalls seine Blicke auf Jo=
hanna gerichtet. O, ich habe es wohl bemerkt, wie
der stolze Kriegsmann nur Auge und Ohr für sie
besitzt und wie seine sonst gegen Jedermann heraus=
gekehrte Rauhheit sich nur ihr gegenüber in feinere
Formen wandelt. Nicht den alten Herrn von Briest
— den Obersten gilt es zuerst zu benachrichtigen.
Ein halber Wink wird genügen, den furchtbar jäh=
zornigen Mann über alle Schranken hinausgreifen
zu lassen und so das Verhältniß zwischen jenen
Beiden vor aller Augen offenkundig zu machen.
Vielleicht auch, daß meine Maßregel den Obersten

zu einer Erklärung gegen Johanna's Vater drängt, vielleicht, daß Jener im ersten Grimm den Henning verhaften läßt. O, und wenn das, dann würde es an mir sein, ihn zu retten, zu befreien. Der anscheinende Verrath Johanna's und meine Aufopferung würden zusammenwirken, ihn zu mir zurück zu führen."

Ueber die schwungvollen Bilder ihrer Phantasie hatte das junge Mädchen den raschen Hufschlag eines Pferdes, das die nach dem Mühlenthor führende Gasse herauftrabte, ganz überhört. Erst das scharfe Pariren desselben vor der Thür ihres Hauses ließ sie einen erstaunten Blick auf die Straße werfen. In der ersten Bestürzung und Verwirrung war sie mit einem Sprunge von dem Fenster fort bis in die Mitte des kleinen Gemachs zurückgeflüchtet; doch schnell faßte sie sich wieder. Die Hand fest auf das Herz gepreßt, mit hochklopfender Brust und leuchtenden Augen, beobachtete sie hinter dem Fenstervorhang hervor jede Bewegung des mittlerweile aus dem Sattel gesprungenen Reiters.

Der Letztere, ein hoher, kräftiger Mann, zu Anfang der Dreißiger vielleicht, hatte den Zügel seines Pferdes um den zu diesem Behuf vor dem Hause aufgerichteten Ständer geschlungen und aus einer um die Brust getragenen Ledertasche ein großes,

mit einem stattlichen Siegel verschlossenes Schreiben
genommen. Seiner unscheinbaren Kleidung nach
mochte der Mann in dem knappen und kurzen
Wamms von grobem Tuch und den bis zu den
halben Schenkeln hinaufgezogenen Faltenstiefeln für
einen einfachen Landbewohner und Pächter genommen werden; doch lag daneben in seiner Haltung
und in jeder seiner Bewegungen die ganze Sicherheit und Bestimmtheit ausgedrückt, welche nur dem
langgedienten Kriegsmann eigen. Auch die kühn
und stolz blickenden braunen Augen und die mannhaften Züge des von Sonne und Wind gebräunten
Antlitzes verkündeten einen Feuergeist, welcher zu
einer ruhigen ländlichen Beschäftigung keinesfalls
recht stimmen wollte. Das unter dem breitkräm-
pigen Hute hervorquellende dunkle, lockige Haar und
der starke Kinn- und Knebelbart wurden der Sitte
der Zeit nach zwar zu allgemein getragen, um auf
einen gewissen Stand gedeutet zu werden, verstärk-
ten jedoch ebenfalls jenen kriegerischen Eindruck.
Unter seiner vorigen Beschäftigung hatte der Reiter
einen raschen Augenblick über die Fenster des Hauses
gleiten lassen, ohne indeß die Lauscherin gewahr zu
werden.

„Er ist es! Es ist der Henning!" flüsterte die
Letztere, jede seiner Bewegungen mit ihren Blicken

verfolgend. „Was mag ihn in so früher Morgen-
stunde hierher geführt haben? — Ein Brief — Er
blickt hinauf — ob ich mich ihm zu erkennen gebe?
Die Hausthür ist noch verschlossen — wenn ich dieselbe zu öffnen ihm entgegeneilte! — Aber die
Stelle in seinem Briefe, daß er noch mit Johanna
sprechen müsse, um mit ihr für alle Fälle ihr bei-
derseitiges Verhalten zu verabreden — was bedeutet
dieselbe? — Mein Gott! wenn er uns zu verlassen
beabsichtigte, wenn . . . Und sein geheimnißvoller
Verkehr mit dem Vater, Johanna's zuversichtliches
Lächeln gestern — sie weiß, was man mir zu wissen
vorenthalten hat. Warum traut man mir nicht?
Auch hierin also muß ich wiederum vor Jener zu-
rückstehen. Himmel, welcher Gedanke! Sollte der
Henning vielleicht gar . . .“

„Hollah! aufgemacht!“ erschallte, untermischt mit
dem Läuten der Thürglocke, der Ruf des Fremden.

Einige Augenblicke darauf hörte man einen festen
Männertritt die Stiege hinabschreiten und die Riegel
zurückschieben. Nach einigen in der Hausthür ge-
wechselten Worten knarrten die Stufen wiederum
unter den Schritten der Hinaufsteigenden.

Das Mädchen lauschte mit angehaltenem Athem
und das Ohr fest an die Thür ihres Zimmers
gepreßt.

„Der Vater hat den Henning mit in sein Closet genommen," murmelte sie. Der Blitz eines Ent- schlusses leuchtete in ihren Augen. Und mit den Worten: „Ich will endlich Licht in diesem Dunkel besitzen!" trat der Gedanke auf ihre Lippen. „Alles schläft noch im Hause und Niemand ahnt, daß ich mich wach befinde. Von der Küche kann ich durch den hinteren Gang leicht bis zu dem an das Gemach des Vaters anstoßenden Schreibzimmer gelangen. Die Gelegenheit ist zu günstig, als daß ich sie nicht benutzen sollte. Die Johanna soll und darf ihr Wissen nicht länger vor mir voraus besitzen. Wie kann ich denn auch handeln, ohne von dem, was sich um mich zuträgt, unterrichtet zu sein?"

Die Thür hatte ihrem Druck nachgegeben. Nach einem vorsichtigen Blick in den Korridor, der noch in ein dämmeriges Halbdunkel gehüllt war, schlüpfte sie mit fast unhörbaren Schritten denselben entlang und über eine kleine, das Ober- mit dem Untergeschoß verbindende Treppe zu dem jenseitigen Theil des alten und weitläuftigen Gebäudes hinüber.

Zweites Capitel.

„Der Kurfürst zurück! Der Kurfürst im Anzuge wider Rathenow! Das ist nach so langer Trübsal doch einmal eine Freudenbotschaft! Aber, Herr Oberstwachtmeister, habe ich denn auch recht gehört?"

„Pst! Herr Vetter, um Gotteswillen! mäßigt nur Eure Stimme!" versuchte der eben angekommene Reiter die freudige Wallung des Andern zu beruhigen. „Bedenkt, daß der Erfolg unserer Unternehmung allein von dem tiefsten Geheimniß abhängig ist. Wenn nur ein Laut von dieser Kunde zu den Ohren eines dieser stutzköpfigen Schweden dringen sollte, so wäre damit noch im Moment der Ausführung selbst das Scheitern unsers Planes gewiß. Sind wir auch sicher, Vetter, hier nicht belauscht zu werden?"

„Die Wände in diesem alten Hause sind zu dick

und die Thüren aus zu festem Eichenholz gezimmert, als daß ein Lauscher von seinem Beginnen großen Vortheil haben möchte," lächelte der Gefragte. "Uebrigens der Meinigen sind wir sicher, und den schwedischen Obersten mit seinem Gefolge habe ich, um vor jeder Ueberraschung gesichert zu sein, in den jenseitigen Flügel einquartirt."

"Nun gut," nahm der Reiter seinen Bericht wieder auf, "so hört denn, Vetter! Heute gegen Abend noch wird unser gnädigster Herr, der Kurfürst, mit 5600 Reitern und Dragonern und 1000 Mann zu Fuß in Parchim, nur eine Viertelmeile von der Stadt, eintreffen, um im Laufe der kommenden Nacht die Feinde hier zu überfallen. Eure und Herrn von Briest's Aufgabe wird es sein, diese sicher zu machen und so lange festzuhalten. Der Letztere beabsichtigt den schwedischen Offizieren zu diesem Behufe auf heute Abend ein Fest zu bereiten. In dem von mir überbrachten Schreiben ist die Einladung dazu enthalten. Gelingt es dem alten Herrn, den Wangelin und sein Offiziercorps dazu nach seinem Gute Bähne hinauszulocken, desto besser, wo nicht, muß die Feier hier in der Stadt erfolgen. Doch, noch eins," der Reiter zögerte sichtlich mit diesem zweiten Theil seines Auftrags und seine Stimme selbst klang weit weniger zuversichtlich, "ich

muß vor allen Dingen noch eine Bestellung an
Fräulein Johanna ausrichten. Ihr Vater hofft
durch ihre Mitwirkung den schwedischen Obersten
um so eher zur Annahme seiner Einladung zu be=
stimmen und ihr angeblicher Geburtstag soll als Anlaß
zu demselben dienen. Meine Zeit ist gemessen, Herr
Vetter. Wenn Ihr das gnädige Fräulein benach=
richtigen wolltet?"

Die vorige Aufregung in dem Gesicht des anderen, schon bejahrten Mannes war unter der Mit=
theilung des Reiters einem nachdenklichen Ausdruck
gewichen. Ein tiefer, selbstbewußter Ernst bildete
überhaupt den Grundzug in dem Antlitz desselben.
Seine Amtsstellung als Bürgermeister der Stadt
lag weniger noch in der schwarzen Farbe seiner
unter der Eile des Ueberwerfens sehr vernachlässig=
ten Kleidung, als in seiner zuversichtlichen und
würdevollen Haltung ausgesprochen. Die Aehnlich=
keit in der äußeren Erscheinung des alten Herrn
mit seiner Tochter blieb übrigens ganz unmöglich zu
verkennen. Wiederholt strich er sich den kurzgestutzten
grauen Kinn= und Knebelbart und schüttelte zweifelnd
das Haupt.

„Ihre Kunde, Herr Oberstwachtmeister, ist zu
gut," so ließ er, ohne unmittelbar auf dessen letzte
Aufforderung einzugehen, seinen Zweifeln Worte,

„als daß ich so leichthin an deren Begründung zu
glauben vermöchte. Sind Sie Ihrer Nachrichten
denn auch völlig versichert? Nach den letzten Mit=
theilungen vom Ende Mai stand Se. Gnaden, unser
Herr Kurfürst, mit seiner Armee noch in den mit
Ausgang October des vorigen Jahres im Erzstift
Cöln bezogenen Winterquartieren und heute haben
wir den 14. Juni. Wie ist es möglich, daß der=
selbe mit den Truppen und Geschütz den bei 80
Meilen betragenden Weg von dort bis hierher binnen
kaum drei Wochen zurückgelegt haben sollte?"

„Der Herr von Briest hat gestern in Magde=
burg Seine Kurfürstlichen Gnaden persönlich ge=
sprochen und die Truppen mit eigenen Augen ge=
sehen," fiel der Reitersmann ihm ungeduldig in's
Wort.

„Also wirklich!" staunte der Bürgermeister.
„Nun denn," setzte er im entschiedenen Tone hinzu,
„Herr Oberstwachtmeister, der Plan des Herrn
von Briest ist gut und an meiner Mitwirkung soll
es nicht fehlen. Indeß der angebliche Anlaß zu dem
beabsichtigten Feste muß geändert werden. Ein der=
artiger Vorwand würde nothwendig machen, daß ich
auch meine Hedwig mit in das Geheimniß ziehen
müßte. Die Mädchen sind mitsammen aufgewachsen
und ein unbedachtes Wort meiner Tochter über diese

willkürliche Verlegung des Geburtstags ihrer Jugendfreundin könnte Alles verderben. Ich meine aber,
es ist schon übergenug, daß auch nur das Fräulein
um unsere Pläne und Hoffnungen weiß. Ich
wünschte, es wäre anders, und Herr von Briest
mag diesen unbedachten Schritt bei sich allein verantworten. Jedenfalls will ich meinestheils nicht
auch noch den gleichen Fehler auf mich nehmen.
Eines Weibermundes ist man niemals sicher."

Der Reiter schaute finster vor sich nieder.

„Und doch bleibt hieran nichts mehr zu ändern,"
grollte er. „Ihr kennt den Starrsinn des Herrn
von Briest, Vetter. Nun denn, eben dieser Anlaß
erschien demselben als der nächstliegende und wahr-
scheinlichste, und er hat sich deshalb auch nicht ab-
halten lassen, eine Anspielung hierauf in sein von
mir an den Wangelin überbrachtes Einladungs-
schreiben mit aufzunehmen."

Der Bürgermeister überlegte.

„So bleibt nur ein Mittel," äußerte er, noch
unschlüssig, „die Hedwig muß für heute irgendwohin
über Land gesendet werden. Doch das Mädchen ist
schlau, und so wenig ich sie auch in letzter Zeit in
Obacht behalten konnte, hat es mir doch scheinen
wollen, als ob sie bereits einen unbestimmten Verdacht gefaßt hätte. Wo einen passenden Vorwand

hierzu finden? und wie die Abwesenheit der Tochter
vom Hause vor den schwedischen Gästen entschul=
digen?"

„Fürwahr, Herr Vetter," stimmte der Reiter
freudig bei, „das war ein glücklicher Gedanke zur
rechten Zeit, und der Vorwand wie die Entschul=
digung sind in Einem gefunden. Die Einladung
lautet auf Schloß Bähne und es ist nicht mehr als
selbstverständlich, daß eine kundige Hand die Vor=
bereitungen dazu treffe. Es genügt dabei, Eurer
Tochter nur überhaupt von dem Feste zu sagen und
dem hinzuzufügen, daß Herr von Briest im Ver=
trauen auf ihr größeres wirthschaftliches Geschick sie
ersuche, die Vorkehrungen dazu übernehmen zu wollen.
So weit ich Hedwig bisher zu beurtheilen Gelegen=
heit gehabt habe, glaube ich nicht, daß sie eine so
schmeichelhafte Bitte ablehnen wird."

Der Bürgermeister, in Gedanken versunken, ant=
wortete nicht auf diese Bemerkung, die fast wie eine
Frage klang.

„Den Schweden dagegen," fuhr der Andere fort,
„wird für Hedwig's Abwesenheit eben jene Erklä=
rung zur ausreichenden Entschuldigung dienen.
Nimmt aber der Wangelin die Einladung für Bähne
nicht an, so ändert das doch an der Sache so gut
wie gar nichts, denn immer bleibt doch Jemand auf

dem Schloſſe erforderlich, die Sendungen von dort
nach hierher zu beaufſichtigen. Höchſtens kommt es
darauf an, unſern Aufbruch ſo ſehr als möglich zu
beſchleunigen. Alles Uebrige überlaßt mir, Herr
Vetter. Einmal außerhalb der Stadt, werde ich für
die Jungfer für dieſen einen Tag ſchon einen ſichern
Aufenthaltsort zu ermitteln wiſſen."

Ein halbunterdrückter Schrei war aus dem Neben-
gemach zu den Ohren der Männer gedrungen.

„Was iſt das?"

Mit einem Sprunge hatte der Oberſtwachtmeiſter
die Thür aufgeriſſen, doch nur, um noch den Schatten
einer weiblichen Geſtalt hinter der entgegengeſetzten
Thür verſchwinden zu ſehen.

„Verdammt! Vetter, wir ſind von Eurer Tochter belauſcht worden," kehrte ſich der Mann im
heftigen Affect zu dem nicht minder beſtürzten Bürgermeiſter. „Sie hat Alles gehört, und unſer Plan
und wir ſelbſt ſind jetzt der Gnade eines in ihrer
Eitelkeit verletzten Mädchens preisgegeben. Verdammt
und tauſendmal verdammt!" Wüthend ſtampfte er
mit dem beſpornten Stiefel den Boden. „Was nun
beginnen, Vetter?"

„Schnell ihr nach, um jede Unbeſonnenheit zu
verhüten!" entſchied, bereits völlig wieder gefaßt,
der Gefragte. „Der Zufall hat ſie zur Mitwiſſerin

2

unseres Geheimnisses gemacht und um unserer eigenen Sicherheit und des Gelingens unseres Planes
willen ist ihre sofortige Entfernung jetzt doppelt geboten. Beruhigt Euch, Vetter! Sie ist meine
Tochter und kraft meiner väterlichen Gewalt werde
ich sie nöthigenfalls zum Schweigen und Gehorsam
zu . . .‚‘

Pferdetrappel von der Straße und heftiges Pochen
und Schellen an der Hausthür hatte dem Bürgermeister das letzte Wort seiner Versicherung von den
Lippen genommen.

„Was bedeutet dieser Lärm?‘‘ stieß der Oberstwachtmeister mit gepreßter Stimme hervor. „Eilt,
Vetter, eilt, Euch Eurer Tochter zu versichern, bevor noch ein neuer Zufall sich mit jenem ersten
verbindet, um uns vollends jede Hoffnung abzuschneiden!‘‘

Der schlürfende Schritt einer noch halb schlaf-
trunkenen Magd ließ sich von dem Vorflur vernehmen. Die Hausthür ward geöffnet und der
Sporentritt mehrerer Männer stürmte die Stiege
hinauf.

„Es sind schwedische Kürassiere,‘‘ rief der Oberstwachtmeister von dem Fenster, welchem er sich vorsichtig genähert, in das Zimmer zurück. „Die
Pferde derselben stehen, völlig gesattelt und gepackt,

unter Bewachung des einen Reiters neben dem meinigen angebunden. Die Thiere sind bis zur Croupe mit Koth und Schmutz bedeckt. Was kann vorgefallen sein?"

Der Bürgermeister befand sich längst nicht mehr zur Stelle, um diese an ihn gerichtete Frage zu beantworten.

Der fröhliche Ausruf: „Joachim, Du hier!" eines in der entgegengesetzten Thür erscheinenden Mädchens ließ den Offizier freudig erschreckt herumfahren. Die eben noch in seinen Zügen zu lesende Besorgniß war plötzlich eitel Sonnenglanz geworden. Mit dem Schmeichelwort: „Johanna, mein süßes Leben!" umfing er die auf ihn Zufliegende mit seinen kräftigen Armen und drückte mehr als einen innigen Kuß auf ihre bereitwillig dargebotenen Lippen.

Es lag eine unendliche Natürlichkeit und doch auch wieder ein bewußter Ernst in der so unverhofft aufgetretenen schlanken und jugendlichen Erscheinung. Vielleicht, daß Hedwig dieser ihrer Jugendfreundin in dem vollendeten Ebenmaß ihrer Gestalt, wie überhaupt an äußeren Vorzügen überlegen war; aber jedenfalls fehlte ihr der Zauber der Anmuth und der jungfräuliche Reiz, welche sich in Johanna's Antlitz und in jeder ihrer Bewegun-

2*

gen ausiprachen. Wenn bei der Einen die braunen
Locken, die dunklen, leidenschaftlichen Augen und
üppigen Formen unwillkürlich auf die Sinne wirkten,
so vermochten die reichen blonden Flechten der An=
dern, die tiefsinnigen blauen Augensterne, der geistige
Anhauch in ihren kindlich reinen Zügen auf das
Gemüth einen noch nachhaltigeren Eindruck auszu=
üben. Der Vorzug, welchen diese über jene davon=
getragen hatte und der das Herz Hedwigs mit so
tiefem Groll erfüllte, lag ohne Zweifel allein in
dieser Verschiedenheit. Ein erster Blick auf Johanna
ließ übrigens die Gefallsucht und Absichtlichkeit,
welche Hedwig derselben dabei Schuld gegeben hatte,
als ein eitles Hirngespinnst ihrer aufgeregten Phan=
tasie erscheinen.

„Und hat allein die Sehnsucht, Deine Johanna
zu sehen, Dich so früh nach Rathenow herüberge=
führt?" fragte das Fräulein, sich mit einer leichten
Bewegung der Umarmung des Geliebten entziehend,
mit freudestrahlenden Augen. „Doch nein," fügte
sie, durch den plötzlich in dessen Gesichtszügen wieder
hervorgetretenen Ernst in ihrer freudigen Erwartung
herabgestimmt, mit einem leisen Anklang des Schmol=
lens in ihrer Stimme hinzu, „ich närrisches Kind,
das ich doch bin. Als ob Euch Männer denn noch
etwas Anderes als die leidige Politik in Anspruch

nähme! Was ist geschehen, Joachim? Oder ist
Deine Botschaft nicht auch an mich gerichtet?"

„Ja, auch an Dich, meine theure Johanna,"
erwiederte der Kriegsmann. „Aber . . . Und
doch . . ."

Die Stimme schien ihm den Dienst zu versagen,
eine dunkle Röthe war ihm bis zu den Schläfen
aufgestiegen. Mit augenscheinlichem Zögern hatte
er einen Brief aus seiner Ledertasche genommen.

„Dein Vater . . . ." begann er von Neuem —
indeß auch diesmal stockte er bei dem ersten Worte.
„Doch lies und entscheide selbst, liebe Johanna."

Das Mädchen hatte mit einem heitern Lächeln
über die sichtliche Verstörtheit und Verlegenheit des
Mannes das Schreiben ergriffen und das Siegel
erbrochen. Doch schon unter dem Lesen der ersten
Zeilen wich alles Blut aus ihren Wangen.

„Der Kurfürst zurück!" in diese Worte drängte
ihre angstgefüllte Brust den Inhalt des Gelesenen
zusammen. „Ein Ueberfall . . . noch diese Nacht —"
Ihre Hände flogen wie im Fieber — „Um Gotteswillen — und Ihr Unvorsichtigen konntet eine solche
Kunde dem Papier anvertrauen!" richtete sie die
fliegende Bemerkung an den mit starren Blicken an
ihren Zügen hängenden Offizier. „Wenn nun,
wenn — Allmächtiger! Joachim, ich vermag das

Schreckliche kaum zu denken. Ein Fest," fuhr sie mit Lesen fort — "zur angeblichen Feier meines Geburtstages — Aber dieser Vorwand ist ja un= möglich," warf sie, gleich dem Bürgermeister vorhin, gegen Jenen den Einwand auf. "Hedwig würde Euch darin Lügen strafen und . . ."

"Johanna, Du hast die Nachschrift noch nicht gelesen," ward sie von ihren Geliebten unterbrochen, "lies zunächst auch diese und entscheide!"

Die Stimme des so kräftigen Mannes klang fast tonlos unter dieser Bemerkung.

Thränen umflorten unter dem Lesen die Augen des jungen Mädchens.

"Joachim und Du selber konntest diesen Auftrag an mich übernehmen? Du! — Womit habe ich das verdient?"

Ein krampfhaftes Schluchzen erstickte ihre Stimme.

Mit einem Freudenruf hatte der Offizier den Arm um sie geschlungen und suchte mit seinen Schmeichelworten die Aufgeregte zu beruhigen.

"Aber nein," rief sie dann, "ich kann, ich will zu Eurem Thun die Hand nicht länger bieten. Ist es denn nicht genug, daß mich mein Vater in diese grausame Lage versetzt hat? O, wenn Du wüßtest, Joachim, wie sehr ich in diesen letzten bangen Wochen habe leiden müssen! Warum habt Ihr dem schwachen

Mädchen zugemuthet, was ein Mädchenherz nicht zu
tragen vermag! Ich habe geschwiegen, geschwiegen
bei den verletzenden Huldigungen, welche ich von
diesen verhaßten Schweden ertragen mußte, geschwiegen, während mein Herz aus Angst, ob die Feinde
nicht dennoch Dein und meines Vaters Geheimniß
erforscht hätten, bei jeder neuen Kunde, bei jeder
unerwarteten Wendung des Gesprächs zusammen-
zuckte. Auf jedes Wort, auf jeden meiner Blicke
bin ich wachsam gewesen, um Euch und Eure Theil-
nahme an dem Aufstande des Landvolks den auf-
merksamen Späherblicken der Unterdrücker nicht zu
verrathen. Doch dieses — nein, ich vermag es
nicht. Den schwedischen Obersten, wie der Vater
von mir in seinem Schreiben verlangt, durch mein
Entgegenkommen zur Annahme der Einladung zu
bestimmen, das wäre Verrath! Schon, daß ich um
Eurer Sicherheit willen zu dem falschen Vorgeben
über den Anlaß dieses Festes schweigen muß, peinigt
meine Seele mit Bildern des Grauens und Entsetzens. Doch die Blutschuld für alle die Opfer der
nächsten Nacht mit auf mein Gewissen zu nehmen,
nein, das ist zu viel! das könnt, das dürft Ihr
nicht von mir beanspruchen.“

Der Offizier schaute finster vor sich zur Erde.

„Klage mich nicht an,“ äußerte er ernst, „wo

ich keine Schuld habe. Du weißt, wie ich die An-
ficht Deines Vaters bekämpfte, Dich, um die Schweden noch mehr, von seinem scheinbaren Anschluß an
ihre Sache zu überzeugen und jeden Verdacht von
sich abzulenken, hierher in das Haus seines alten
Freundes, des Bürgermeisters Wienand, zu senden.
Indessen, Du kennst seinen Starrsinn, seine Rück-
sichtslosigkeit in dem Verfolg der einmal entworfenen
Pläne. Auch gegen die Nachschrift in dem Briefe
habe ich alle denkbaren Gründe geltend gemacht.
Ja, mehr noch, eben deßhalb, weil ich diesen, wie
ich voraussah, alle Deine Gefühle verletzenden Auftrag nicht über meine Lippen zu bringen vermochte,
bestand ich darauf, denselben Dir nur schriftlich ein-
zuhändigen, und übernahm die Ablieferung dieses gefährlichen Schreibens."

„Ich bin Soldat!" fuhr er nach einem Moment
der Sammlung gleich düster fort. „Durch meinen
Degen allein habe ich mich vom einfachen Bauern-
burschen zu meiner jetzigen Stellung emporgeschwun-
gen. Als mich der Befehl meines Fürsten hierher
sendete, um, weil ich in dieser Gegend geboren und
aufgewachsen bin, die Leitung des von Deinem Vater
im Geheim angeschürten Bauernaufstandes zu übernehmen, kannte ich Dich noch nicht, und dennoch
habe ich damals schon allen Dich betreffenden Plä-

nen des Ersteren widerstrebt, so vortheilhaft dieselben
auch für die von mir vertretene Sache waren, ge=
schweige gar erst, seitdem ich Dich kennen und lieben
lernte. Doch sage selbst, Johanna, durfte ich mich
denn offen Deinem Vater widersetzen? All' meine
Hoffnungen, Dich zu erwerben und zu besitzen, be=
ruhten ja nur auf der Uebereinstimmung mit ihm
und auf der Erwartung, ihn durch erneute Aus=
zeichnung in dem bevorstehenden Feldzuge den mir
fehlenden Adelstitel vergessen zu machen. Meinst
Du, ich habe nicht gelitten, Dich bei unserm gefahr=
drohenden Beginnen hier in der Gewalt dieser stolzen
Schweden, und mehr noch — Dich von ihren
Schmeichelreden und ihrer Werbung umstrickt zu
wissen. Aber mein Vertrauen zu Dir hat nie ge=
wankt. Vertraue auch mir, Johanna! Sieh', so
sehr das Gelingen unserer heutigen Absicht dadurch
gefährdet wird, so möchte ich doch jauchzen vor Lust,
daß Du das Ansinnen Deines Vaters von Dir ge=
wiesen hast. Nur noch einen Tag harre aus, und
Gott wird Alles zum Besten wenden. Willst Du,
meine Johanna? Willst Du Vertrauen zu mir
fassen und mit mir aushalten bis zum Ende?"

„Ich will! ja, Joachim, ich will!" Das Mädchen
hatte sich, von der Innigkeit seiner Worte bewältigt,
an seine Brust geworfen.

Ueber den Austausch ihrer Empfindungen hatten die Beiden den Lärm und das Rennen im Hause ganz überhört. Doch das Schmettern der Trompeten, das von der am Marktplatze gelegenen Hauptwache des schwedischen Dragoner-Regiments herüberklang, führte den Offizier wieder zum Bewußtsein seiner Lage zurück.

„Alarm! es wird Alarm geblasen!" murmelte er, den erstaunten Blick auf die Straße gerichtet, doch ohne den Arm, den er um die erschreckt zu ihm aufschauende Geliebte geschlungen, zurückzuziehen. „Was bedeutet das Signal?"

„Befehl an die Thorwache: Niemand, wer es auch sei, passirt aus der Stadt!" vernahm man eine durch das ganze Haus schallende Stimme.

Der Offizier zuckte zusammen, seine Rechte hielt den Kolben eines in seinem Wamms verborgenen Pistols umspannt. Mit einem Schrei der Angst hatte Johanna ihr Antlitz an seiner Brust geborgen.

„Habt Ihr den Befehl vernommen? Der Aufenthalt mit der störrischen Dirne hat Alles verdorben. Was . . ."

Der unvermuthete Anblick der Beiden hatte dem eilig wieder in das Zimmer getretenen Bürgermeister das Wort von der Lippe genommen.

„Es droht keine unmittelbare Gefahr," beant=

wortete er nach einem Moment der Sammlung den fragenden Blick des Andern. „Eine schwedische Streifpartei ist über Nacht auf eine Abtheilung der Unseren gestoßen und von diesen bis auf drei hierher versprengte Reiter aufgehoben worden. Der Oberst will in Person mit einem Theil seines Regiments hinaus, die Gegend zu recognosciren und Erkundigungen einzuziehen. Auch die Hedwig ist bereit, mit Euch abzureisen, doch hat sie sich erst nach langem Widerstreben gefügt, und darüber habe ich den Wangelin zu sprechen versäumt. Das ist schon ein Anfang des Unheils. Was nun beginnen?"

Statt die an ihn gerichtete Frage zu beantworten, hatte der Offizier das junge Mädchen, das sich scheu in eine Ecke zurückgezogen, bei der Hand ergriffen und war mit ihr Jenem entgegengetreten.

„Herr Vetter," begann er, „denkt nichts Arges von uns Beiden. Wir, das Fräulein und ich, sind eins geworden, uns nach beendigtem Feldzuge in rechter Ehe zusammenzugeben. Als freundwilligen Verwandten und meinen ehemaligen Vormund wollte ich Euch geziemend um Euer Fürwort bei dem Vater der jungen Dame, Euerm alten Freunde, gebeten haben."

Ein finsterer Blick zuckte aus den Augen des

alten Mannes zu dem zuversichtlichen Sprecher hinüber. „Der Herr Oberstwachtmeister haben ja stets
nach ihren eigenen Eingebungen gehandelt und sich,
wie der Augenschein lehrt, gut dabei befunden,"
erwiederte er mit abweisender Kälte. „Hätte freilich nicht gedacht, den Thunichtgut, der einst seinen
braven Eltern und nach deren Tode mir, seinem
Vormund und Verwandten, soviel Noth und Herzeleid bereitet hat, noch als vornehmen Offizier wiederzusehen. Indeß die alten Zeiten, wo der Herr,
um seiner Neigung zum Soldatenhandwerk zu folgen, dem ehrsamen Meister entlaufen ist, bei welchem ich ihn in hiesiger Stadt untergebracht hatte,
liegen nun wohl schon an die zwanzig Jahre hinter
uns und mögen zum Besten vergessen bleiben. Als
aufrichtiger und rechtschaffener Freund kann ich jedoch nicht anders, als von dem, was ich gesehen
und von dem Herrn gehört, dem Vater des gnädigen Fräuleins, Herrn von Briest, Nachricht zu
geben. Als Vater dagegen zwingt mich das, was
ich eben von meiner Tochter vernommen habe, an
den Herrn Oberstwachtmeister die Frage zu richten:
Haben der Herr vielleicht die Gelegenheit genützt,
hinter meinem Rücken auch mit meinem Kinde zu
liebeln und die Angel nach zwei Richtungen zugleich
auszuwerfen?"

„Herr Vetter," antwortete der Oberſtwacht-
meiſter finſter, „ob Sie mir Ihr Fürwort bei Herrn
von Brieſt gewähren wollen oder nicht, ſteht bei
Ihnen, doch haben Sie nicht das Recht, mich zu
beleidigen. So wahr Gott mir helfe! bei meinem
Eid als Soldat und Offizier — nie habe ich an
Eure Tochter ein Wort gerichtet, das auch nur im
Entferntesten auf den gegen mich ausgesprochenen
Verdacht gedeutet werden könnte."

„Alſo nicht!"

Die Blicke der beiden Männer hafteten in einander.

„Armes Kind!" murmelte der Bürgermeiſter.
„Nun, nehmt nicht für ungut, Herr Oberſtwachtmeiſter, was die Sorge des Vaters aus mir ge-
ſprochen — doch, ich höre den Oberſten die Treppe
hinabſteigen. Vielleicht iſt es doch noch möglich,
mein Geſuch bei ihm anzubringen. Indeß — nein,
beſſer iſt's jedenfalls, wenn wir beide ihm entgegentreten."

Die Männer eilten hinaus. Die Drei hatten
in ihrer Erregung nicht bemerkt, daß Hedwig,
ſchon im Reiſekleide, von der gegenüberliegenden
Thür aus, die ſeit dem Eintritt des Fräuleins
offen geblieben, Ohren- und Augenzeuge der letzten
Vorgänge geweſen war. Sich umwendend, befand
ſich Johanna ihrer Jugenfreundin gegenüber.

Leichenbläſſe deckte die Wangen des jungen Mäd=
chens, mit der Hand hatte ſie ſich auf den Thür=
griff ſtützen müſſen, um ſich nur aufrecht halten
zu können.

„Um Gott, liebe Hedwig, biſt Du krank?"
Johanna war, nur dem erſten Antrieb gehorchend,
ihr zu Hülfe geſprungen. „Was fehlt Dir? Stütze
Dich auf mich!"

Wie von einer Feder emporgeſchnellt, hatte ſich
die Angeredete ihr gegenüber aufgerichtet; ein Blick,
ſcharf und ſchneidig wie eine Dolchklinge, zuckte aus
ihren Augen.

„Rühre mich nicht an, Du Falſche!" ziſchte ſie
durch die Zähne.

Die Thür ſchlug hinter der Davoneilenden in's
Schloß. Verwirrt, beſtürzt, ſtarrte das Fräulein
ihr nach.

„Später, Herr!" vernahm man eine tiefe
Stimme vor dem Hauſe, „jetzt bin ich außer Stande,
mich zu entſcheiden. Mein Pferd!"

Ein vornehmer Offizier, mit blau und gelbem
Federbuſch auf der Eiſenhaube und der breiten,
gleichfarbigen ſchwediſchen Feldbinde über dem Stahl=
küraß, hatte ſich vor der Hausthür in den Sattel
ſeines ihm vorgeführten Streitroſſes geſchwungen.
Dem mit entblößtem Haupte vor ihm ſtehenden

Bürgermeister einen leichten Gruß mit der Hand zuwerfend, sprengte er quer über den Platz zu seinem schon aufgerittenen Regiment. Eine Minute darauf schmetterten die Trompeten der Reiter und rasselte der reisige Zug an dem Hause vorüber, die zu dem Havelthor führende Straße hinunter.

Drittes Capitel.

Der Bürgermeister hatte, von einem Ausgange zurückkehrend, mißmüthig den Stock in die Ecke gestellt und den Hut auf den Tisch geworfen; der Oberstwachtmeister war ihm, sein wohl schon eine Viertelstunde und darüber fortgesetztes Auf- und Niederschreiten des Zimmers unterbrechend, erwartungsvoll einen Schritt entgegen getreten.

„Eure Mienen verkünden nichts Gutes, Vetter," eröffnete der junge Mann das Gespräch. „Ist auch dieser Euer letzter Weg vergeblich gewesen?"

„So ganz schlimm stehen die Dinge eigentlich nicht," erwiederte der Gefragte. „Mir den gewünschten Freipaß für Euch und meine Tochter zu gewähren, hat mir der in Vertretung des Obersten Wangelin den Befehl führende Major allerdings rundweg abgeschlagen. Wie zuvor schon der wacht-

habende Corporal an der Havelbrücke und der
Offizier von der Hauptwache, verwies er mich hierin
auf die Rückkehr des Obersten, dessen bestimmtem
Befehl er unmöglich zuwiderhandeln könne. Doch
meine Mittheilung über das für heute Nachmittag
von dem Herrn von Briest den Herren angebotene
Festmahl ist von ihm sowohl wie von den in seiner
Behausung versammelten schwedischen Offizieren mit
lautem Beifall begrüßt worden."

Der Oberstwachtmeister schien dieser letzteren
Nachricht nur eine geringe Wichtigkeit beizulegen.

„Daß ich auch selber diese Sendung übernommen habe!" murmelte er. „Und doch durfte ich
nicht anders. Mittag ist nahe; jetzt könnte ich die
Spitze der kurfürstlichen Truppen vielleicht schon
erreicht haben. — Ist denn von dem Obersten noch
keine Meldung eingegangen?" richtete er plötzlich
die Frage an den Bürgermeister.

Der alte Mann hatte sich nachdenklich in einen
der Sessel niedergelassen, die den noch fast unbe-
rührten Frühstückstisch umgaben.

„Man will in der Richtung nach Brandenburg
einzelne Schüsse vernommen haben," entgegnete er
zerstreut. „Befindet sich der vorhin gekommene
Bote noch in der Küche?" fügte er nach einer
langen Pause hinzu.

3

„Der Bote!“ rief der Oberſtwachtmeiſter, von einer plötzlichen Erinnerung ergriffen, und fuhr aus ſeinem finſtern Sinnen empor. „Johanna — das Fräulein von Brieſt,“ verbeſſerte er ſich, „hat es übernommen, den Mann zu beobachten; allein es iſt am Ende beſſer, wenn ich ſelber . . .“

Das eilige Eintreten des Fräuleins ließ ihn mitten in ſeiner Rede abbrechen.

„Der Fremde giebt an, von Brandenburg zu kommen,“ ſagte ſie halblaut zu den in geſpannter Erwartung an ſie herangetretenen Männern, „doch erſcheint mir ſeine Erſchöpfung für dieſen kurzen Weg faſt zu auffällig. Noch bei dem Verzehren des ihm vorgeſetzten Frühſtücks iſt er, von ſeiner Er= müdung übermannt, eingeſchlafen. Ueber den Zweck ſeiner Sendung hat er auf meine an ihn gerichteten Fragen und Bemerkungen durchaus nichts verlauten laſſen.“

„Das Vorgeben des Burſchen, von Brandenburg zu kommen, iſt jedenfalls falſch,“ beſtätigte auch der Bürgermeiſter. „Sein ganzes Aeußere, die koth= beſpritzten Stiefeln, das verwirrte Haar, die Spuren an ſeinen Kleidern — als ob er in irgend einem Heuſchober oder gar unter freiem Himmel geſchla= fen —, wie endlich ſeine große Ermüdung laſſen weit eher auf eine mehrtägige Reiſe ſchließen.“

„Wenn der Fremde schläft, so brauche ich am
Ende nicht mehr zu besorgen, von ihm erkannt zu
werden," äußerte der Oberstwachtmeister mehr zu
sich, als zu den Andern gewendet. „Ich selber will
gehen, mich zu überzeugen."

„Halt, Herr Oberstwachtmeister!" unterbrach ihn
der Bürgermeister. „Vielleicht stellt sich der Mensch
nur schlafend, um dadurch ferneren an ihn gerichteten Fragen auszuweichen, und auf alle Fälle können
wir bei unserer eigenthümlichen Lage nicht vorsichtig
genug verfahren. Laßt mich zuerst gehen. Auch ich
habe vorhin bei seinem Eintreffen den Mann nur
ganz flüchtig gesehen, vielleicht daß ich mich bei ge-
nauerer Beobachtung seiner erinnere. — Ist Hedwig
in der Küche?" wandte er sich an Johanna.

„Ja."

„Nun denn, Fräulein, thut mir den Gefallen,
voraufzugehen und meiner Tochter zuzuflüstern, daß
sie unter irgend einem Vorwande die Magd ent-
ferne. Es ist schon das Beste, keinen Zeugen für
die vielleicht mögliche Durchsuchung des Fremden zu
haben."

„Ich glaube . . . ich fürchte . . ." zögerte das
junge Mädchen. „Hedwig ist seit heute Morgen so
unfreundlich gegen mich . . ."

„Ah, ich vergaß!" erinnerte sich der Bürgermeister.

3*

„Nun so werde ich selber für die Entfernung der
Dirne Sorge tragen. Wofern ich binnen einigen
Minuten nicht zurückkehre," richtete er das Wort
an den Offizier, „nehmt eine der Thonpfeifen dort
und thut, als ob Ihr Euch in der Küche eine Kohle
dafür holen wolltet."

Der Offizier hatte mit einem Seitenblick auf
Johanna dieser Weisung Folge gegeben. Der Ausdruck der Angst in ihren Zügen ließ ihn erstaunt
sich ihr vollends zuwenden.

„Was ist Dir, liebe Johanna?" drang er in sie,
„was hast Du?"

Das Mädchen schaute in scheuer Besorgniß hinter
sich und zur Seite.

„Joachim," flüsterte sie, „o, wenn ich Dich doch
erst aus Rathenow entfernt wüßte!"

„Aber, theures Kind," beruhigte sie der Geliebte,
„es droht ja nicht die mindeste Gefahr. Schon
gestern sind von Deinem Vater und mir alle Vorkehrungen getroffen worden, durch das aufgebotene
Landvolk zwischen hier und Magdeburg jede Verbindung abzuschneiden. Es ist unmöglich, daß der
Bote von dort gekommen sein könnte. Unmittelbar
nach der Rückkehr des Obersten werden überdies die
gesperrten Thore wieder geöffnet, und mit Hülfe
meines ausgeruhten Pferdes hoffe ich . . ."

„Und wenn Ihr Euch täuschtet, wenn das erstere nun doch der Fall wäre?" unterbrach ihn das junge Mädchen. „Das Gesicht des Menschen kam mir so bekannt vor — nein, ich irre mich nicht — es ist der Mann, welcher im vorigen Herbst einen Brief von dem Offizier aus Magdeburg an den Vater brachte, von demselben, vor welchem, wie Du sagtest, der Vater auf der Hut sein sollte."

„Von dem Oberstlieutenant Schmidt!" rief der Offizier. „Dein Vater brachte gestern die Nachricht aus Magdeburg mit zurück, daß derselbe in der Nacht nach der Ankunft des Kurfürsten auf offenem Verrath ertappt und verhaftet worden wäre — aber nein, unmöglich..." Er überlegte.

„Es ist auch weniger dieser Mann, von dem ich Unheil besorge, als..." Das Fräulein stockte in ihrer Mittheilung, eine flammende Röthe übergoß ihr Gesicht wie mit Purpur. „Hedwig, hast Du mir vorhin mitgetheilt," begann sie nach einigen Augenblicken mit kaum vernehmlicher Stimme von Neuem, „ist durch Zufall Mitwisserin Eures Geheimnisses geworden; wenn sie... ihre auf mich gerichteten Blicke waren so seltsam... ist es nun, daß die Magd ihren Groll gegen mich errathen hat, oder ist dieselbe schon von ihr in das Vertrauen gezogen worden — auch diese hat mich in jeder

denkbaren Weise zu verletzen gesucht. Aber es bleibt
eigentlich kein Zweifel daran und ich weiß es ja,
Hedwig kann nicht schweigen. Das Mädchen wußte
um Deine Stellung als brandenburgischer Offizier.
Ein Wort von ihr vermag das Verderben über Dich
heraufzubeschwören. Wenn die Reitknechte und Or-
donnanzen des schwedischen Obersten, mit welchen
sie auf das Vertrauteste verkehrt, nicht mit demselben
zu der Recognoscirung hinaus wären, würde der
Verrath vielleicht schon erfolgt sein."

Der Offizier schien durch das, was er über
den Fremden gehört, so erregt, daß er die Warnung
Johanna's, um so mehr, da sie leise und ängstlich
gesprochen wurde, fast überhörte.

„Wenn nun," ließ er seinen haftigen Gedanken
Worte, „wenn nun jener Verräther mehrere Boten
zugleich abgesendet hätte ... Indeß, was zögere ich
noch, ich habe jenen Menschen ja damals ebenfalls
gesehen, ein einziger Blick wird mir genügen, ihn
wiederzuerkennen. — Einen Moment nur, liebe
Johanna," entschuldigte er sich bei dieser, „ich
muß den Mann jedenfalls sehen, um danach meine
ferneren Maßregeln zu nehmen." — —

Wenn vielleicht der Schlaf des Fremden anfänglich auch nur Verstellung gewesen war, so hatte
mittlerweile doch seine erschöpfte Natur den Sieg

über seinen Willen davongetragen. Sein tiefes und regelmäßiges Schnarch und seine ganze nachlässige Haltung schlossen jeden Gedanken an eine Täuschung aus. Der Kopf war über die Lehne des rohen Holzstuhls gesunken, auf dem er in der Nähe des Heerdes saß, die Arme hingen schlaff an seinem Körper nieder, der breitkrämpige Hut und ein langer Stecken mit eiserner Spitze lagen zu seinen Füßen. Das Aeußere des Mannes, hart mitgenommen von dem anhaltenden Regenwetter der letzten Tage und den dadurch völlig aufgelösten Landstraßen, trug alle Spuren einer längeren nnd beschwerlichen Reise an sich. Außer dem noch mit der vorsichtigen Untersuchung des Mannes beschäftigten Bürgermeister befand sich augenblicklich nur Hedwig in der nach alterthümlicher Art einen gewaltigen Raum einneh= menden Küche. Eine Thür führte links aus der letzteren auf den Vorflur, eine andere, dem Heerde unmittelbar gegenüber, in die inneren Gemächer des Hauses. Ein aus der Wand rechts weit her= vorspringender Kellerhals bildete den Zugang zu dem Keller. Die niedrige, stark mit Eisen beschlagene Pforte desselben stand augenblicklich weit offen, so daß man die obersten Stufen der hinab führenden Steintreppe gewahren konnte.

Bei dem Eintritt des Oberstwachtmeisters und

des diesem auf dem Fuße folgenden Fräuleins hatte
Hedwig von ihrer anscheinend völlig gleichmüthigen
Beschäftigung am Heerde einen scharfen Seitenblick
auf die Beiden geworfen. Ein höhnisches Lächeln
kräuselte ihre Mundwinkel: alles Blut war aus
ihren Wangen gewichen, doch nur um im nächsten
Moment desto stürmischer dahin zurückzuströmen.
Der in ihr gährende Groll schien dadurch noch ge=
steigert zu werden, daß Keiner von den Beiden, so=
wohl jetzt bei deren Eintreten, wie bei den nächsten
Vorgängen, auf sie auch nur im Mindesten Rück=
sicht nahm.

„Er ist es!" murmelte der Offizier bei dem
ersten Blick auf den Fremden, „es ist der Mensch,
welcher damals nach Schloß Bähne den Brief von
dem Oberstlieutenant Schmidt gebracht hat. Ich
habe mir das Gesicht des Burschen zu gut gemerkt,
als daß ich mich täuschen könnte."

„Der Herr Oberstwachtmeister kennen den
Mann?" fragte der Bürgermeister, sich in seinem
Thun unterbrechend, halblaut den jungen Kriegs=
mann, und der Schrecken über die ihm von dem=
selben zugeflüsterte Mittheilung spiegelte sich in
seinen Zügen. „Der Auftrag des Menschen kann
jedenfalls nur ein mündlicher sein," äußerte er
nach einigen Augenblicken des Nachdenkens, „trotz der

ſorgfältigſten Unterſuchung habe ich weder in ſeiner
Taſche, noch irgendwo in ſeinen Kleidern etwas
Schriftliches gefunden."

Von dem erfahrenen Kriegsmann war mit einem
zweifelnden Kopfſchütteln der Hut des Boten auf=
gehoben nnd einer genauen Prüfung unterzogen wor=
den. Von der Fruchtloſigkeit ſeiner Bemühungen
bei dieſem Kleidungsſtück überzeugt, legte er daſſelbe
wieder auf die vorige Stelle nieder, um den an
deſſen Statt aufgenommenen Stab einer gleichen
genauen Prüfung zu unterwerfen.

Das obere Ende des ſcheinbar jüngſt erſt aus
irgend einem Haſelbuſch geſchnittenen Steckens zeigte
in dem Mark der Schnittfläche von dem Mittel=
punkt bis zum äußern Umfang zwei oder drei nicht
ungeſchickt mit dem Meſſer der Rinde nachgebildete
Kreiſe. Die eiſerne Zwinge an dem untern Ende
war mit mehreren Nägeln befeſtigt und ſcharf und
ſpitz genug, um im Nothfalle zur Vertheidigung zu
dienen. Der ganze Stab glich auf ein Haar den
gelegentlich von dem Landvolk bei weiteren Wegen
getragenen Stecken, und auch das ſchärfſte Auge
vermochte an deſſen Aeußerem kein irgend verdäch=
tiges Zeichen zu bemerken.

Der Offizier hatte vergeblich die Zwinge zu be=
wegen verſucht und die Kreiſe am oberen Ende einer

genauen Besichtigung unterzogen. Schon im Begriff, die abermals unfruchtbare Untersuchung aufzugeben, kam es ihm indeß in den Sinn, für seinen Zweck noch das Gehör zu Hülfe zu nehmen und mit dem Messer, das er schnell hervorzog, an den Stock zu klopfen. Der so hervorgebrachte Ton erwies sich in der That gleich unterhalb des oberen Endes von dem in der Mitte und am unteren Ende ganz verschieden. Im Begriff, die Klinge des Messers aufzuschlagen, um diesem Unterschiede weiter nachzuspüren, klirrte jedoch die bisher von dem übereifrigen Forscher noch zwischen den Fingern festgehaltene Thonpfeife zur Erde.

Von dem Geräusch erweckt, schlug der Bote die Augen auf, und seinen Stecken in den Händen eines Fremden erblickend, befand er sich im gleichen Moment auf den Füßen. Der Oberstwachtmeister, auf den blitzschnellen Angriff nicht vorbereitet, sah sich, bevor er sich dessen nur recht bewußt geworden, den Stab bis auf das noch festgehaltene obere Ende aus den Händen gewunden. Rasch raffte auch er sich indessen zusammen. Die Männer, immer dabei den Stecken festhaltend, rangen aus allen ihren Kräften mit einander.

Mit schneller Besonnenheit hatte auch der Bürgermeister das obere Ende desselben ergriffen und, unterstützt von der kreisenden Bewegung der Beiden, dasselbe abgebrochen. Ein zusammengerolltes Papier war dabei im Innern des Stocks sichtbar geworden.

Der Bote schrie vor Ingrimm; vergeblich rang er indeß gegen den ihm an Kräften weit überlegenen Offizier. Mit einer letzten ungeheuren Anstrengung hatte ihn dieser unter sich gezwungen, drückte ihm die Kniee auf die Brust und umspannte seine Kehle mit eisernem Griffe, dadurch die Stimme des Boten erstickend.

„Ein Strick, den Buben zu fesseln, ein Tuch zu einem Knebel für ihn!" rief der Oberstwachtmeister zu den beiden andern zurückgewendet.

Bei dem Schall sich vom Hofe nähernder Stimmen war von dem Bürgermeister zunächst die dahin führende Thür verschlossen worden. Hedwig hatte sich bis jetzt bei dem soeben geschilderten Auftritt als scheinbar ganz theilnahmlose, wenngleich aufmerksame Zuschauerin verhalten, schien jetzt aber, als Johanna nach den von dem Offizier verlangten Gegenständen suchte, offen für den Unterliegenden Partei nehmen zu wollen. Das Tuch, welches Johanna von einem der umherstehenden Schemel aufgegriffen, ward ihr von Hedwig mit einer lebhaften Geberde des Unwillens aus der Hand gerissen. Ihr Vater hatte jedoch für das Verlangte schon früher Rath zu schaffen gewußt. In einem Augenblick befand sich unter den Händen der Beiden der sich noch immer heftig Sträubende gebunden und geknebelt.

„Jungfer, was ist denn geschehen? was bedeutet denn das Geschrei in der Küche?" vernahm man von außerhalb der nach dem Vorflur führenden Thür die Stimme der Magd. „Und — Herr Du mein Jesus — die Thür giebt ja nicht nach! Warum ist denn die Thür geschlossen?"

„Nichts! es ist nichts, Martha!" antwortete die Gefragte mit einem höhnischen Seitenblick auf Johanna. „Warte nur noch einen Augenblick — man mord . . ."

„Hedwig, um Gotteswillen!" verschloß ihr das herzugeflogene Fräulein den Mund, und die furchtbare Erregung und die Qual des Moments klang in dem Beben ihrer erstickten Worte wieder. „Bedenke, das Leben Deines Vaters schwebt auf Deiner Zunge."

Draußen schmetterten die Trompeten und rollten die Paukenwirbel der eben in die Stadt zurückgekehrten schwedischen Dragoner.

„Rasch in den Keller mit dem Hallunken!" entschied sich der Bürgermeister. „So, Hut und Stock ihm nach!"

Er selber schloß die Pforte hinter dem Gefangenen und steckte den Schlüssel zu sich. Im nächsten Moment

hatte er der Magd, die nach der halben Mittheilung
Hedwig's ein unsinniges Geschrei ausstieß, die Thür
geöffnet.

„Ist Sie verrückt geworden," schnaubte er die
Dirne an, „solchen Lärm zu vollführen? Danke Sie
Ihrem Schöpfer, daß ich den Strolch, den Sie un-
verständiges Weibsbild hier hereingelassen hat, gleich
erkannt habe. Der so lange schon von der Justiz unserer Stadt verfolgte Räuber Manso war es, und
Sie, wie wir Alle, wären ohne meine glückliche Entdeckung sicher verloren gewesen. Nachher mag Sie
den städtischen Stockmeister rufen, den so unverhofft
erwischten Schelm in den Thurm zu führen — doch
nein," unterbrach er sich, „ich selber werde diese Be-
sorgung übernehmen und Sie mag mit meiner Tochter hinaus nach Bähne, um zu dem heutigen Feste
dort alle Vorkehrungen zu treffen."

Einen Augenblick war Hedwig von dem ihr vorher von ihrer Jugendfreundin zugeschleuderten Vor-
wurf betäubt gewesen und stand wortlos da; allein die
letzte Entscheidung ihres Vaters verlieh ihrem Trotz
und Groll sogleich wieder das Uebergewicht. Mit
einem kalten und feindseligen Blick auf das Fräulein
kehrte sie dieser den Rücken. Der höhnische Zug, der
wieder um ihre Mundwinkel spielte, konnte dem Blick
der Magd unmöglich entgehen und mußte den Zweifel

derselben an der Wahrheit der von dem Bürgermeister gegebenen Erklärung wachrufen.

Dieser war zu dem Oberstwachtmeister herangetreten', welcher mittlerweile das in dem abgebrochenen Stecken gefundene Papier entfaltet und gelesen hatte.

„Ist unser Verdacht gegründet?" fragte er, mehr mit den Augen, als daß seine Lippen sich bewegt hätten.

Der Andere nickte.

„Alles verrathen!" flüsterte er; „ein Glück, daß der Bursche noch rechtzeitig in unsere Hände gefallen ist."

„Da höre ich den Obersten schon auf der Treppe," rief der Bürgermeister, die Aufmerksamkeit der Uebrigen von ihnen Beiden ablenkend. „Schnell, Hedwig, mache Dich fertig, sofort mit dem Herrn Verwalter nach Bähne aufzubrechen. Die Martha wird währenddeß für die Herren Offiziere das Frühstück bereiten und Fräulein Johanna an Deiner Statt darüber die Aufsicht führen. Ihr Pferd ist doch gesattelt, Herr Verwalter? Und bitte, bestellen sie zugleich dem Knecht, die Pferde immer vor den Wagen zu spannen. Ich selber will zugleich den Herrn Obersten aufsuchen, um demselben die Einladung des Herrn von Briest zuzustellen."

Viertes Capitel.

„Hedwig!" hörte man den Bürgermeiſter vom Hofe zu den Fenſtern des Hauſes hinaufrufen, „mach' ſchnell, Mädchen! Der Herr Verwalter wartet. Und wo ſteckt denn die Martha wieder? Na endlich! Steige Sie immer raſch voran auf den Wagen!"

„Meine Tochter wird drüben in Bähne alle Hände voll zu thun haben, die entſtandene Verſäumniß noch wieder einzubringen und Herrn von Brieſt's Abſicht gebührend auszuführen," kehrte er ſich zu dem ſchwediſchen Oberſten, der mit Kennerblick das Pferd des verkappten brandenburgiſchen Oberſtwachtmeiſters muſterte.

Die Abſicht des Bürgermeiſters bei dieſer an den fremden Offizier gerichteten Bemerkung war wohl nur geweſen, die Aufmerkſamkeit deſſelben von dem vorgeblichen Verwalter abzulenken. Die Lage des Letzte-

ren war in der That eine bedenkliche geworden. Bei
dem Gespräch, in das ihn Jener über die Vorzüge
seines Pferdes verflochten, schien ihm der Boden unter den Füßen zu brennen.

Der Schwede hatte jene Aeußerung seines Wirthes
entweder ganz überhört, oder es beliebte ihm doch
nicht, darauf zu antworten.

„Wirklich ein Prachtgaul, Herr," äußerte er zu
dem Oberstwachtmeister, mit der Linken nachlässig die
Spitze seines langen röthlich blonden Schnurrbarts
wirbelnd, oder den ihm bis zur Brust reichenden Kinn-
bart strählend. „Ein Schlachtroß, wie ich noch kaum
ein besseres gesehen habe. Schade um das herrliche
Thier, das hier in Eurem friedlichen Dienst so gut
wie ungenützt verkommen muß. Fünfzig Goldgulden,
Herr, wofern Ihr mir das Pferd verkaufen wollt!"

Der Oberst war in seiner Bewunderung dicht an
das Pferd herangetreten, das nach heutigen Schön-
heitsbegriffen vielleicht ein wenig zu voll und schwer
gebaut war, und klopfte wohlgefällig den kräftigen
Hals desselben.

Der hoch und schlank gewachsene Mann mit seiner
breiten Brust und dem blonden Haar, das ihm um
das männlich kühn geschnittene Gesicht bis zu den
Schultern niederwallte, durfte in Allem als der echte
Repräsentant jener stolzen und tapferen Nordlands-

föhne genommen werden, deren Thaten in dem vor kaum fünf und zwanzig Jahren beendeten dreißigjäh= rigen Kriege und noch jüngst erst unter ihrem Helden= könige Karl X. die ganze Welt mit dem Ruhme des schwedischen Namens erfüllt hatten.

„Fünfzig Goldgulden!" erwiderte der angebliche Verwalter, offenbar in der Absicht, der ihm je länger, je mehr peinlichen Situation nur zu entkommen, auf das Gebot des schwedischen Offiziers, „fürwahr ein schöner Preis, und wenn es nur von mir abhinge, würde ich auf den Handel gern eingehen. Mir ist das Thier überhaupt zu feurig. Allein es gehört nicht mir, sondern dem Herrn von Briest. Wenn mir der Herr Oberst erlauben wollen, werde ich demselben von Dero Gebot Mittheilung machen . . ."

„Halt, Mann, bei Leibe nicht!" fiel ihm der Letztere lachend ins Wort. „Wenn das ist, so denke ich wohl noch billiger in den Besitz des Pferdes zu kommen. Das Glück müßte mir sehr abhold sein, wo= fern ein guter Pasch beim Würfelspiel mir nicht noch heute das schmucke Thier in meinen Stall liefern sollte. — Also Herr," fügte er, im Begriff sich abzu= wenden und in sein Quartier hinaufzusteigen, hinzu, „meine und meiner Offiziere beste Empfehlung an Herrn von Briest, und wenn die Affaire von dieser Nacht uns auch nicht gestattet, seiner Einladung auf

4

Schloß Bähne Folge zu leisten, so ist es um so freundlicher von ihm, uns für die Annahme dieser Einladung dort oder hier die Wahl gelassen zu haben, und denken wir seinem alten Burgunder auf dem Rathhaussaal dieser guten Stadt alle Ehre zu erweisen. Gott befohlen, Herr!"

Der Bürgermeister hatte eine Erkundigung nach den Vorgängen dieser Nacht und dem Ergebniß der unternommenen Recognoscirung an den Schweden gerichtet.

„Pah!" äußerte derselbe leichthin, „es lohnte wohl der Mühe, in Regen und Wind stundenlang da draußen herumzustreifen! Nicht einen Pferdeschwanz vom Feinde haben wir zu sehen bekommen. Der Schrecken scheint die drei Reiter vom Westermannland'schen Regiment in Nauen geblendet zu haben. Sie sind wie toll heut Nacht hier angekommen. Nach ihrem Bericht schien es nicht anders, als ob Gott weiß welche neuen feindlichen Kräfte in der Gegend eingetroffen wären. Und doch ist die Streifpartie, zu der sie gehörten, ganz einfach durch ihre eigene Unvorsichtigkeit in einen Hinterhalt gefallen, den ihnen die feindliche Garnison in Brandenburg oder das aufständische Bauerngesindel gelegt hat. Nun morgen, denke ich, soll dem Treiben der paar hundert unverschämten Patrone dort ein Ende bereitet werden. Uebrigens hat mir der Ritt Hunger und Durst gemacht; laßt mir das Frühstück auf mein Zimmer senden, Herr!"

Der Oberst war in den Flur eingetreten, der verkleidete Oberstwachtmeister hatte sich, von einer Centnerlast erleichtert, in den Sattel geschwungen. Die Magd saß schon auf dem mit zwei kräftigen Braunen bespannten leichten Korbwägelchen. Vor den Stallgebäuden des Hofraums befanden sich einige schwedische Reiter und die Reitknechte des in dem Hause einquartirten Offiziers noch mit seinem und ihren Pferden beschäftigt.

„Hedwig! Wo bleibt das Mädchen denn nur?" rief der Bürgermeister in heftiger Ungeduld wieder zu den Fenstern des ersten Stockwerks empor. „Fräulein Johanna, dem Herrn Obersten das Frühstück auf sein Zimmer!"

Der Zufall hatte den Letzteren bei dem ersten Schritt in's Haus dem Fräulein begegnen lassen, das aus dem gegenüberliegenden Zimmer des Erdgeschosses mit einem Brett voll Gläser in die Küche zurückkehrte. Der strenge und hochmüthige Ausdruck in dem Antlitz des stolzen Kriegsmannes verschwand augenblicklich bei dieser unverhofften Begegnung.

„Welches Glück, Fräulein von Briest," rief er,

4*

als Johanna mit flüchtigem Gruße an ihm vorüber-
schlüpfen wollte, „das mir von sämmtlichen schwedischen Offizieren zuerst verstattet, Ihnen meine
Huldigungen und meine Glückwünsche zu Füßen
zu legen. — Wenn Sie aus diesem glücklichen Ungefähr doch auf die Wahrheit meiner Empfindungen
für Sie schließen wollten!" fügte er weniger laut
hinzu. „Doch diese Gunst des Zufalls soll mir
nicht ungenützt entschlüpfen. Morgen bricht mein
Regiment nach dem bereits eingetroffenen Befehl
von hier auf. Lassen Sie mich deshalb meine Werbung um Ihr Herz und ihre Hand nochmals bei
Ihnen erneuern. Wollen Sie mir gestatten, Fräulein, heute noch mit Ihrem Vater zu . . ."

Ein Schreckensruf Johanna's unterbrach seine
Erklärung. War es, daß der Hengst des verkleideten
brandenburgischen Offiziers plötzlich vor irgend einem
Gegenstande scheute, oder hatte ihm vielleicht sein
Reiter in einem Anfall von Eifersucht über die
Galanterie des schwedischen Anführers die Sporen
zu heftig in die Seiten gestoßen, genug, das Thier
stand kerzengerade mit demselben aufgerichtet und
drohte in jedem Augenblick zu überschlagen. Wie
von derselben Wildheit angesteckt, bäumten in dem
gleichen Moment die beiden vor den Wagen gespann-
ten jungen Pferde durch einander. Ihr gegenseitiges

Gewieher schien die Thiere noch immer höher zu
entflammen. Mit dem Aufwand seiner ganzen Kraft
und Gewandtheit hatte der Oberstwachtmeister sein
Roß zu einer weitausgedehnten Volte herumgerissen,
doch unter der wüthenden Widersetzlichkeit des Thieres
platzte ihm der Sattelgurt und, zehn Schritt fort-
geschleudert, stürzte er zur Erde. Zugleich vermochte
der Knecht sein Gespann nicht länger zu zügeln.
Auch der Bürgermeister hatte, um nicht von dem
herbeistürmenden Hengst niedergeschlagen zu werden,
den von ihm ergriffenen Zaum des einen Wagen-
pferdes fahren lassen müssen. Im Davonjagen streifte
das leichte Gefährt die Umfassung des mitten auf
dem Hofe gelegenen Ziehbrunnens und der Knecht
und die Magd flogen bei dem plötzlichen Ruck von
ihren Sitzen. Der Erstere befand sich zwar sogleich
wieder auf seinen Füßen, und es gelang ihm, mit
Hülfe einiger von den Ställen herzugestürzten
Dragoner endlich auch die Thiere wieder einzufangen
und zum Stehen zu bringen. Die Letztere dagegen
vermochte sich nur mit Hülfe einer zweiten ihr bei-
gesprungenen Magd und noch einiger anderen Personen zu erheben. Das Blut floß dem Mädchen
reichlich aus einer Stirnwunde, die sie sich geschlagen,
und nach einer Anschwellung am Handgelenk zu
urtheilen, die schnell und mächtig zunahm, schien

sie sich den rechten Arm über dieser Stelle gebrochen oder doch jedenfalls die Hand verstaucht zu haben.

„Himmel! er ist todt!" hatte Johanna in maßlosem Schrecken gerufen, und Brett und Gläser waren ihr aus den Händen geglitten. Alles um sich her vergessend und ohne an die ihr drohende eigene Gefahr zu denken, war sie unmittelbar nach dem Sturze des Geliebten zu diesem hinaus auf den Hof geflogen. Verwirrt und ohne noch recht zu begreifen, was das Alles bedeute, starrte der Oberst ihr nach. Zum Glück hatte, durch ihren Ausruf aufmerksam gemacht, der Bürgermeister, der mit dem anfänglich völlig Betäubten beschäftigt war, den freien Moment benutzt, um ihr die halblauten Worte: „Um Gotteswillen, Fräulein, geben Sie Acht auf sich!" zuzurufen und damit den heftigen Ausbruch ihrer Gefühle auf ein beschränkteres Maß zurückzuführen. Auch jetzt vermochte sie sich jedoch nicht zu entschließen, auf ihren vorigen Platz zurückzukehren, oder auch nur den Ausdruck ihres Gesichts und die fliegende Aufregung ihres ganzen Wesens zu beherrschen, womit sie der endlichen Entscheidung über den Zustand des geliebten Mannes harrte.

Noch ein anderer Schrei war vorher, zugleich mit demjenigen Johanna's erklungen. Im Begriff, dem wiederholten Rufe ihres Vaters endlich Folge

zu leisten, war Hedwig durch die Begegnung des
Fräuleins mit dem Obersten auf der Treppenflucht
des oberen Stockwerkes zurückgehalten worden. Sie
meinte, in dem Zusammentreffen der Beiden nur
eine erneuerte Bestätigung ihres gegen Johanna
gehegten Verdachtes einer herzlosen Gefallsucht zu
entdecken. Vielleicht daß der Zufall ihr hier eine
Waffe wider die gehaßte Rivalin in die Hände geben
wollte. Ihr Herz jauchzte hochauf in dieser Hoffnung. Der Verrath wider sie, zu welchem der geliebte Mann sich gegen ihren Vater erboten, die
kränkende Beurtheilung, welche sie wiederholt von
demselben erfahren hatte und deren Ohrenzeuge sie
gewesen war, der Zwang, den die Autorität ihres
Vaters über sie verhängte und gegen den alle Fibern
ihrer Seele sich empörten, — alle die trüben Er-
fahrungen des heutigen Morgens waren vor der
Aufregung und Spannung dieses Augenblickes aus
ihrem Gedächtniß gelöscht. Sie hoffte noch, sie
hoffte wieder. Und wenn es ihr Leben gegolten
hätte, so würde sie sich von dem eingenommenen
Lauscherposten nicht loszureißen vermocht haben.

Dank dem Bau des Treppenhauses entging ihr
keines der Worte des Obersten, so leise sie auch gesprochen wurden. Mit angehaltenem Athem und
blitzenden Augen versuchte sie von ihrem Versteck aus

in der Miene Johanna's zu lesen und harrte sie der
Antwort derselben. Da schreckten deren Schrei und
die verwirrten Rufe vom Hofe sie empor. Verwirrt,
bestürzt schaute sie sich um und erblickte durch das
Treppenfenster noch den furchtbaren Sturz des
Reiters.

Sie wußte nicht, wie sie sich plötzlich neben dem
Obersten befand. Doch auch diesmal war Jene
ihr zuvorgekommen. Wieder hatte ihre zu leicht
erregte Hoffnung ihr gelogen. Der Rückschlag dieser
letzten Täuschung mußte bei dem Mangel jedes all=
mählichen Uebergangs in derselben und bei der zum
Höchsten gesteigerten Spannung ihrer Nerven wahr=
haft furchtbar sein. Auch fühlte sie sich im ersten
Moment völlig betäubt, im nächsten jedoch schon
stieg alles Blut ihr zu Herzen. Ihre Leidenschaft=
lichkeit war so bis zum Grunde aufgewühlt, daß sie
alle Dämme zerreißen und jede andere Empfindung,
als den dunklen Drang, sich um jeden Preis zu
rächen, aus ihrer Seele verdrängen mußte.

„Herr Oberst," keuchte sie, „Verrath! Man
sinnt Verrath wider Sie. Die Johanna und der
Henning — es ist Alles erlogen — auf Ihre Täu=
schung berechnet — der Henning ist . . ."

Im Begriff, das letzte entscheidende Wort zu
sprechen, zögerte sie nichtsdestoweniger. Der Magd,

als ihrer gewöhnlichen Vertrauten, hatte sie sich anvertrauen mögen; allein bei der gleichen Mittheilung an den fremden Offizier schloß ihr eine dunkle und unbestimmte Empfindung, welche furchtbaren Folgen dieser Schritt nach sich ziehen könnte, plötzlich den Mund.

Ein Glück, daß schon die vorige Erwähnung der beiden Namen die Aufmerksamkeit des Obersten ausschließlich einer irrthümlichen und rein persönlichen Richtung zugewendet hatte. Seine flammenden Blicke ruhten auf der Gruppe vor ihm.

„Von wem sprichst Du, Mädchen?" richtete er, ohne noch die Augen von dort abzuwenden, die Frage an Hedwig. „Meinst Du mit Deinem Henning den Verwalter des Herrn von Briest? Was ist's mit dem? Nun rede, rede schnell!"

Durch die letzte ungestüme Aufforderung und den scharfen Seitenblick, welchen der Offizier ihr dabei zuwandte, war das junge Mädchen vollends in Verwirrung gesetzt worden.

„Der Henning ist . . ." stotterte sie, „der Henning — ist der Geliebte Johanna's."

Es war ein furchtbarer Fluch, welchen der Oberst ausstieß, als er diese Bestätigung eines Verdachtes erhielt, der bei dem Anblick der letzten Scene bereits unbestimmt in ihm aufgestiegen war. Die Eitelkeit

und das Selbstgefühl des stolzen Kriegsmannes fühl-
ten sich durch die Nebenbuhlerschaft mit einer ihm
anscheinend so tief untergeordneten Persönlichkeit in
ihrem innersten Nerv getroffen. Die Röthe des
flammenden Zorns und der Beschämung brannte
auf seinen Wangen.

„Es ist nicht wahr!" stieß er in jäh aufflammender Wuth hervor. „So sehr konnte Fräulein von Briest sich nicht vergessen. Du lügst,
Mädchen!"

Die augenscheinliche Wirkung ihrer Worte er-
muthigte umgekehrt Hedwig nur um so mehr, bei
ihrer abgegebenen Erklärung zu verharren.

„Es ist doch wahr," bekräftigte sie, „und —
seht!"

Sie deutete mit dem Finger auf die Gruppe vor
ihnen. Soeben hatte der verkleidete Oberstwachtmeister sich an dem Arm des Bürgermeisters von
seinem Fall erhoben und der freudestrahlende Ausdruck in dem Gesicht Johanna's bestätigte allerdings
nur zu sehr die Mittheilung Hedwig's.

„Dragoner, hierher!" donnerte der Ruf des
Obersten über den Hof. „Verhaftet diesen Mann
hier! Untersucht ihn genau, er ist des Einverständnisses mit den aufständischen Bauern verdächtig."

In dem Bestreben, für den Ausbruch seiner rasenden Wuth einen Vorwand zu finden, hatte der schwedische Befehlshaber nahezu das Richtige getroffen.

„Nehmt auch dies Mädchen in Gewahrsam!" fügte er, auf Hedwig deutend, hinzu. „Doch nein, nicht nur diese allein — sämmtliche Bewohner des Hauses werden in Verhaft gehalten und jeder Verkehr wird zwischen denselben verhindert. Das Kriegsgericht soll sofort zusammentreten."

Der Schrecken über diese anscheinend so vollständige Entdeckung stand mit leserlichen Zügen in jedem Antlitz geschrieben. Entsetzen über den gänzlich unvorhergesehenen Ausgang ihrer unbedachten Handlung hatte Hedwig erfaßt und schien ihr völlig die Besinnung geraubt zu haben.

„Um Gotteswillen, Herr Oberst!" jammerte sie mit zu diesem erhobenen Händen. „Gnade! Ach, Du Allmächtiger, mein Vater! Gnade, Herr! Das habe ich ja nicht gesagt — der Spion, den sie gefangen haben — ich weiß ja von gar nichts — Und nein, nein, auch die Johanna und den Henning habe ich fälschlich beschuldigt. Sie hat mir so wehe gethan. Gnade, Herr, Gnade!"

Ein Glück, daß der Zorn den Obersten viel zu sehr verblendete, als daß er auf das verwirrte

Geplauder achten, oder auch nur aus der allgemeinen Bestürzung einen Schluß auf die Begründung der Beschuldigung hätte ziehen können, die
er vorhin willkürlich aufgeworfen. Alle die letzten
und die folgenden Vorgänge drängten sich überdies
in den Zeitraum weniger Minuten zusammen.

„Hollah! was giebt's denn da?" ließ sich, noch
unter dem Gejammer Hedwigs, eine fröhliche
Stimme vernehmen. „Wollt ihr Mordskerle mir
wohl meinen Verwalter in Frieden lassen! Na,
komme doch Einer von Euch her, mir vom Gaule
zu helfen! Donner — Herr Oberst, da sind Sie
ja auch! Das war ein Ritt durch Wind und Regen!
Aber, Oberst, es lohnt sich darum, daß ich alter
Bursche noch in den Sattel gestiegen bin. Mord
und Tod! goldene Nachrichten sind's, die ich bringe".

„Gottlob, da ist der Herr von Briest!" hatte
der Bürgermeister ausgerufen. „Nun wird sich
Alles aufklären."

„Gnädiger Herr!" rief ihm zugleich der Oberstwachtmeister entgegen. „Sie konnten unmöglich
gelegener kommen. Ich bin, ich weiß nicht, auf
wessen fälschliche Angabe, von dem Herrn Obersten
des Einverständnisses mit den aufständischen Bauern
beschuldigt worden. So mögen Sie denn Zeugniß
für mich ablegen!"

Der kleine Alte, der auf seinem struppigen
Gaul inmitten der aufgeregten Gruppe hielt, blin-
zelte mit seinen lustigen Augen höchst vergnüglich.

„Na, na, nur Geduld! das wird sich Alles finden," rief er lachend. „Als ob ich vorhin bei meinem Einreiten durch den Thorweg das junge Dings
da" — er deutete mit dem Daumen seiner rechten
Hand zurück auf Hedwig — „nicht zetern gehört
hätte! Ein paar Worte werden den Herr Obersten
über Alles aufklären. Bis dahin laßt mir den
Mann da in Ruhe!" kehrte er sich erneut zu den
beiden den Oberstwachtmeister haltenden Dragonern,
„ich bürge für ihn. — Und Du, Töffel, Du!" rief
er einen Knecht zu sich heran, „was stehst Du
Mondkalb da, und hältst Maulaffen feil? Faß an
und hilf mir vom Gaule!"

Es lag ein gewisses Etwas in dem jovialen
Gesicht des kleinen Alten, das dieser vorgeblichen
Schwäche entschieden widersprach. So weiß das
Haar und der kurzgestutzte graue Schnurr- und
Zwickelbart, und so gebückt und schlotternd die
ganze Haltung des Mannes war, so hell und scharf
leuchteten doch die blauen Augen unter den buschi-
gen Brauen hervor. .Auch hinter dem jovialen
Lächeln des breiten und etwas eingefallenen Mundes
konnte ein gar mannhafter Ernst entdeckt werden,

namentlich bei dem raschen Blitz, mit welchem er
unter dem anscheinend mühseligen Absteigen vom
Pferde die ganze Lage der Dinge gleichsam mit
einem Blick erfaßte. Zu ihrer ganzen Höhe auf=
gerichtet, wäre diese Gestalt übrigens gar nicht so
klein erschienen, als der erste oberflächliche Blick
glauben ließ; und die langen, hageren Gliedmaßen
erwiesen sich, wenn nicht fleischig, doch sehnig genug,
um gelegentlich diesem so hinfälligen Körper eine
Kraft zu geben, die man nicht vermuthete. Die große
rothe Nase und der verdächtige Kupferanflug auf
den Backen, wie der anscheinend unzerstörbare Aus=
druck eines fröhlichen Gleichmuths in den Zügen des
Alten ließen ihn freilich nur als Anhänger des
Bacchus und heiteren Lebemann erscheinen und
drängten jeden Verdacht, daß mehr in ihm stecke, in
den Hintergrund. Sein ganzes Aeußere, unterstützt
durch die bäurisch einfache Tracht, gab ihm fast
etwas Komisches. Es gehörte übrigens viel dazu,
außer in der Partie um die Augen vielleicht, irgend
eine Aehnlichkeit zwischen dem verwitterten rothen
Gesicht des Vaters und dem reizenden blonden
Lockenkopf der Tochter entdecken zu sollen.

„So, da stehe ich endlich wieder auf meinen Fü=
ßen!" rief er in der vorigen frohmüthigen Weise
den Umstehenden zu. „Na, Gott zum Gruß, Herr

Oberſt! Guten Morgen, Gevatter Wienand! Und
nun, Mädel, wie lange ſoll ich auf meinen Will=
kommskuß noch warten? — Iſt eine Blitzbirne, die
Johanna!" lachte er, die an ſeine Bruſt geflüch=
tete Tochter umarmt haltend, dem finſter wie die
Mitternacht dareinſchauenden ſchwediſchen Oberſten
zu. „Nicht, Oberſt? Aber ja, was ich ſagen wollte —
prächtige Nachrichten, Oberſtchen, goldne Nachrich=
ten! Mord und Tod! und Alles ſicher, ſchwarz
auf weiß, gedruckt und beſiegelt! — Doch was das
heute für ein Wetter iſt, dieſer nichtsnutzige kalte
Sprühregen iſt mir, weiß Gott, bis in's Mark der
Knochen gedrungen, ich bin ganz erſtarrt. Höre
Hedwig, mache Mädel, daß Du in die Küche kommſt
und bereite mir eine Kanne Warmbier. Oder halt!
nein, Kindchen, ſchicke uns lieber eine Kanne von
dem Fäßchen aus der hinterſten Ecke im Keller —
Ihr wißt ſchon, Gevatter Wienand — auf das
Zimmer des Oberſten!"

Er hatte, deſſen Einſpruch zuvorkommend, ſeinen
Arm vertraulich in den des Letzteren geſchoben und
dieſen mit ſich zur Seite gezogen.

„Nicht, Oberſt," lachte er denſelben an, „die
Hedwig hat mit einer ihrer Narrheiten hier den
ganzen Wirrwarr angeſtiftet? He, hat ſie nicht da=

neben auch wieder von meiner Tochter und dem Henning gefabelt?"

„Wie, Sie wissen, Herr von Briest," fuhr der Oberst wider ihn auf, „und . . ."

„Na, das konnte ich mir denken!" lachte der Andere; „'s ist das die fixe Idee von ihr und sie thut's schon einmal nicht anders. Das arme Mäd= chen ist . . ." er deutete mit dem Finger auf die Stirn. „Mich wundert beiläufig, Oberst, daß Euch das noch nicht aufgefallen ist — doch Ihr habt eben nicht darauf geachtet —; ja leider, wenn es sie antritt, schwatzt sie das verrückteste Zeug durch einander. Mein Verwalter scheint es ihr angethan zu haben. Uebrigens will ich, um dieser Teufels= geschichte ein Ende zu machen, doch einmal mit dem Menschen sprechen. Ist ein guter Landwirth, doch ein kreuzdummer Gimpel, so wenig seinen Vortheil wahrzunehmen. Der alte Wienand hat während seiner langen Amtsführung ein hübsches Besitzthum hinter sich gebracht, und die Hedwig wäre trotz ihrer Schrullen gar keine üble Partie für einen so armen Schlucker."

„Gebt die Gefangenen frei!" hatte der Oberst, noch während Herr von Briest sprach, in der überwallenden Freude seines Herzens den Dragonern zugerufen.

„Na, das nenne ich mir ein richtig Wort zur glücklichen Stunde!" kam der Herr von Briest der Werbung um Johanna, die augenscheinlich dem schwedischen Offizier auf die Lippen treten wollte, zuvor. „Aber dafür leset auch das, Herr Oberst — he! das ist doch eine Nachricht, um die es sich schon lohnte, daß ich alter Kerl durch Regen und Wind wie ein Jüngling hierher gestürmt bin."

Er hielt dem schwedischen Anführer mehrere gedruckte Blätter und zwei oder drei offene Schreiben entgegen. Die Beiden waren unter ihrem Gespräch in den Hausflur eingetreten.

Der Schwede überflog den Inhalt der ihm überreichten Schriften und eine immer höher gesteigerte Spannung zeigte sich in seinen Zügen.

„He Oberstchen, was sagt Ihr nun?" begleitete der alte Edelmann die Lectüre desselben. „Der Kurfürst todt, in Schweinfurt, auf dem Wege hierher, vom Schlage getroffen, und der Kurprinz Karl Emil im vorigen Jahre da unten in Straßburg von seiner Stiefmutter, der Sophie Dorothee, vergiftet. So ist bei der Jugend und schwächlichen Leibesbeschaffenheit des jetzigen Erbprinzen Friedrich das Land also so gut wie verwaist und die Krone Schweden braucht nur zuzugreifen, um ihren deutschen Besitz von Pommern aus auch über diese Marken auszubreiten. Hoho! uns

5

brandenburgischen Edelleuten sollte damit schon gedient sein. Wofern Ihr uns die Landstände und Frei-
heiten wiedergeben wollt, welche der vorige gestrenge
Herr uns Anno 1664 entzogen hat, sind wir die
Euren, sage ich Euch, auf Leben und Tod. Diese
Hohenzollern haben seit Alters ihrem Adel zu arg
mitgespielt, als daß sie auf eine Anhänglichkeit bei
demselben zählen könnten; der Friedrich Wilhelm aber
ist unter Allen der Schlimmste gewesen."

„Diese Nachrichten," äußerte der Offizier, „wenn
sie sich bestätigen sollten, wären in der That von der
höchsten Wichtigkeit. Indeß..."

„Na, Mord und Tod, ob sie wahr sind!" fiel
ihm der kleine Alte lebhaft in's Wort. „Da seht doch
die Unterschrift unter diesem Briefe. Der Herr
von Eicke, mein Schwestersohn — der Anno 65 bei
der gewaltsamen Auflösung der Stände durch den
Kurfürsten, wegen seines mannhaften Auftretens für
dieselben, sein Gut Sonnsfeld drüben in der Altmark
mit dem Rücken ansehen mußte und jetzt in Erfurt in
kurmainz'schen Diensten steht — hat mir denselben
von dort mit den Flugblättern durch einen eigenen
Expressen zugesendet. Und dann dies andere Blatt
ist mir vor etwa anderthalb Stunden von Magdeburg
zugekommen, wohin die Nachricht von dem Tode des
hohen Herrn ebenfalls schon gedrungen war. Was

könnt Ihr denn noch weiter für eine Sicherheit beanspruchen?"

Eine nochmalige aufmerkſame Unterſuchung der
Schreiben und Druckſchriften ſchien alle Zweifel des
Oberſten gehoben zu haben.

„Die Poſtſtempel wenigſtens ſind richtig," murmelte er. „Auch haben ſich wohl ſchon früher ähn-
liche unverhoffte Glücksfälle zugetragen. Der Feld-
marſchall in Havelberg muß jedenfalls augenblicklich
von dieſen wichtigen Mittheilungen benachrichtigt werden. Würdet Ihr mir zu dieſem Behuf die Schriften
wohl anvertrauen, Herr von Brieſt?"

„In Gottes Namen!" entgegnete der Alte.
„Schreibt nur Eure Berichte; ich habe ohnedies ſelber
erſt noch meinem Verwalter verſchiedene Aufträge zu
ertheilen. Doch macht nicht zu lange. Und he,
Oberſtchen, nicht, der Wein ſoll uns heute Abend noch
einmal ſo gut munden? Wetter nicht noch mal! dieſe
Glückskunde konnte gar nicht zu gelegenerer Zeit kommen. Ich parire, Oberſt, daß ich alter Burſche Euch
Alle heute noch unter den Tiſch trinken werde."

Der Oberſt war, ohne auf dieſe Herausforderung
zu antworten, die Treppe hinaufgeſtürmt. Der Alte
ſchaute ihm nach und lachte leiſe in ſich hinein.

„Was der Eile hat," murmelte er, „den ihm
vorgeworfenen Köder niederzuwürgen! Es war doch

ein Meisterstück von dem alten Derfflinger, mir die
Briefe und gedruckten Berichte im Voraus zukommen
zu lassen. Wenn die Schweden sich auf Grund dieser
falschen Nachrichten nur noch vier und zwanzig Stunden in ihrer gegenwärtigen Stellung festhalten lassen,
sind sie verloren. Mit dem Verlust von Rathenow
befindet sich ihr Feldmarschall mit seinen 4000 Mann
da bei Havelberg von dem Haupttheil der Armee,
der unter seinem Bruder, dem General-Lieutenant
von Wrangel, bei Nauen und Friesack lagert, völlig
abgeschnitten und der Kurfürst wird die Wahl haben,
welchen Theil des Feindes er zuerst vernichten will.
Hoho! wofern der Hertefeld mit den von ihm aufgebotenen Jägern und Bauern sich beeilt, die Brücke
über das Luch von Fehrbellin abzuwerfen, sind diese
stolzen Schweden wahr und wahrhaftig wie in einer
Falle gefangen!" —

Fünftes Capitel.

Es war schon sehr spät am Nachmittage desselben Tages, und das von Herrn von Briest den schwedischen Offizieren auf dem Saal des alten Rathhauses von Rathenow bereitete Bankett stand im Begriff, in ein wüstes Trinkgelage überzugehen. Die Damen, von denen sich außer Johanna nur noch die Frauen und Töchter einiger ebenfalls eingeladenen Rathsherren gegenwärtig befanden, begannen deshalb bereits aufzubrechen. Auch Johanna hatte sich in derselben Absicht von dem ihr eingeräumten Ehrenplatz zwischen dem Obersten Wangelin und ihrem Vater erhoben. Der Erstere, während des ganzen Festes durch das geschickte Ausweichen und die scheue Zurückhaltung des Fräuleins an seiner beabsichtigten Erklärung behindert, versuchte mit dem letzten ihm gewährten Augenblick diese Versäumniß noch wieder einzubringen.

„Auf, ihr Herren!" rief er den übrigen Gästen
zu, „noch einmal, ehe diese Zierden unseres Festmahls uns verlassen, sollen die Humpen klingen auf
das Wohl der schönen Frauen und Töchter dieses
Landes! Vor Allem aber gilt es . . ."

Unter dem enthusiastischen Jubel, womit namentlich von dem militairischen Theil der Gesellschaft seine
einleitende Aufforderung begrüßt wurde, wie in dem
Schmettern der Trompeten und Wirbeln der Pauken
der zur Erhöhung der Festesfreude mithinzugezogenen
Regimentsmusik war die weitere Ausführung seiner
Anrede verloren gegangen. Die Fenster klirrten von
dem donnernden Rufe, womit die außen auf dem
Marktplatz zechenden Dragoner in diesen stürmischen
Ausbruch einstimmten. Zur Bewirthung derselben
war, ebenfalls auf Veranstaltung des Herrn von Briest,
eine ganze von Schloß Bähne eingetroffene Kahnla-
dung Bier und Branntwein daselbst abgeladen
worden.

Ein Schatten des Aergers überflog bei dieser Unterbrechung die Stirn des Obersten; doch im Grunde
war seine Absicht bei Ausbringung des vorigen Trink-
spruchs wohl nur darauf gerichtet gewesen, unter der
allgemeinen Erregung einen unbelauschten Moment
für den Austausch der von ihm gewünschten Erklä-

rung zu gewinnen, und der eingetretene Tumult be-
schleunigte deshalb auch nur sein Vorhaben.

„Fräulein," richtete er das Wort an Johanna,
„Sie haben mir meine Frage von heute Morgen noch
nicht beantwortet; ich kann und will von Ihnen aber
nicht scheiden, ohne mein Schicksal aus ihrem Munde
vernommen zu haben. Sie kennen meine Gefühle für
Sie, im Feldlager habe ich die Empfindungen, welche
mein Herz bewegen, nicht zu verbergen gelernt. Ich
liebe Sie mit der ganzen Kraft meiner Seele. Johanna, wollen Sie ihre Zukunft dem rauhen aber
braven Soldaten anvertrauen? Darf ich mit Ihrem
Vater sprechen?"

Das Antlitz des Fräuleins glühte, übergossen vom
Purpur der Verwirrung. Die Erklärung, welche sie
so sehr gefürchtet hatte und der sie sich mit dem
Schluß des Festmahls schon entgangen wähnte, war
zu plötzlich an sie herangetreten, als daß sie sich schnell
zu fassen vermocht hätte. Es nebelte vor ihren Sinnen; umsonst mühte sie sich, einen klaren Gedanken
zu fassen.

„Darf ich?" drängte der Oberst, ihre Hand er-
greifend. „Johanna, bestätigen Sie mein Glück nur
mit einem Wort, einem Blick —"

Das Schweigen und die Verwirrung der noch
immer vergeblich gegen ihre Bestürzung Ankämpfen-

den mochte ihm als eine günstige Antwort erscheinen.

„So darf ich!" jubelte er.

„Nein, um Gotteswillen, nein!"

Der Ausdruck des Schreckens in dem Antlitz des
jungen Mädchens zeigte sich zu wahr und unver-
hüllt, als daß der Offizier noch hätte eine Hoffnung
hegen können. .

„Oberstchen, hierher!" kam der Vater der Tochter
zu Hilfe. „Halloh, ihr Herren, wer hält gegen mich?"

Die Würfel rollten, von ihm geworfen, über
den Tisch.

„Laßt mich!" übertönte eine Stimme die diese
Aufforderung beantwortenden freudigen Zurufe.

„Sind wir nicht die Herren hier? Was der
Oxenstierna im Frieden von Osnabrück versäumt
hat, wir holen's nach! Thut mir Bescheid, Ihr
brandenburgischen Herren! Auf gut schwedisch Regiment in diesen Marken!"

Der alte Herr von Briest schien unter der eifrigen Beschäftigung mit den Würfeln diesen Zuruf
ganz überhört zu haben. Die übrigen Brandenburger blickten finster zur Erde, keiner rührte sich,
den ihnen zugebrachten Trinkspruch zu erwiedern.
Die nächsten schwedischen Offiziere mühten sich, ihren
trunkenen Kameraden zur Ruhe zu bringen.

Der ausgebrochene Tumult hatte die Eile der Frauen, den Saal zu verlassen, noch beflügelt. Johanna war mit den Uebrigen verschwunden.

Der Oberst schaute der Flüchtigen nach; ein bitteres Lächeln spielte um seine Mundwinkel. Noch war er nicht mit sich einig, doch allmählich kam ihm das Bewußtsein der erlittenen entschiedenen Zurückweisung. Seine Nasenflügel spannten sich aus, seine Augen funkelten vor Zorn, Leichenblässe deckte sein Gesicht.

„Abgewiesen!" stieß er beinahe tonlos hervor. „Ohne Rückhalt, ohne Hoffnung abgewiesen!" — „Ha!" Eine plötzliche Erinnerung schien ihm aufzusteigen. „Sollte am Ende doch . . . sollte . . ."

Seine Blicke hefteten sich halb forschend, halb ungewiß auf den Vater Johanna's, der scheinbar um die Vorgänge um sich herum ganz unbekümmert, soeben nach einem gelungenen Wurf mit fröhlichem Lachen sein Glas zum Munde führte.

Der Trunkene hatte sich von denen, die ihn zurückzuhalten versuchten, losgerissen.

„Gebt Raum!" schrie er. „Es ist endlich Zeit, diese tückischen Gesellen die schwedische Art zu lehren. Unser ist dies Land und wir lassen's nicht mehr. Wenn wir's dem glorreichen schwedischen

Reiche einverleiben wollen, wer will's uns wehren? Ihr Kurfürst etwa? Ha, er ist todt!"

„Das ist nicht wahr!" Einer der Rathsherren, von seinem flammenden Zorn über alle Grenzen der Klugheit fortgerissen, war von seinem Sitze aufgefahren. „Unser Kurfürst lebt und mit ihm sein gutes Recht!"

Mehrere Andere hatten sich dazwischen geworfen und den Aufgeregten wieder zum Niedersetzen und Schweigen gezwungen.

„Er ist todt!" lachte der schwedische Offizier. „Hahaha! In Schweinfurt vom Schlage getroffen. Fragt nur Herrn von Briest!"

„Ist es wahr?" Zehn Stimmen, so Brandenburger wie Schweden, richteten zugleich die Frage an den alten Edelmann.

„Schade eigentlich," prahlte der trunkene Kapitain, „daß uns so die Gelegenheit entgangen ist, an dem Kurfürsten den Verrath zu rächen, den er an Schweden im Frieden von Oliva vor fünfzehn Jahren begangen, und seine neugebildete Armee zu Staub zu zermalmen. Brandenburg eine Armee! Hahaha! Was das eine Hetzjagd hätte geben sollen!"

Ein höhnisches Lächeln überflog das Gesicht des Herrn von Briest und ein Blitz zuckte aus seinen Augen zu dem übermüthigen Sprecher hinüber.

„Was das eine Hetzjagd geben soll,“ brummte er
zwischen den Zähnen.

„Ja, Ihr Herren,“ kehrte er sich gleichmüthig
zu den ihn umdrängenden Fragern, „was weiß ich?
Briefe und Gerüchte melden davon!“

Der Bürgermeister Wienand hatte in kaum mehr
zu bewältigender Aufregung seinen Stuhl hinter sich
zurückgeschoben und war zu dem Obersten getreten.

„Herr Oberst,“ sagte er, und seine Stimme
bebte vor innerer Erregung, „an Ihnen ist es, uns
brandenburgische Männer wider diese gehäuften In-
sulten zu schützen. Als die Gäste des Herrn
von Briest sind wir hier erschienen; doch die Wah-
rung des Gastrechts mußten wir unter den herrschenden Verhältnissen in dieser Stadt bei den schwedischen Offizieren voraussetzen!“

Der Angeredete war aus dem finsteren Brüten,
dem er sich in den letzten Minuten überlassen hatte,
wie aus einem Traume emporgefahren. Die Blicke
der beiden Männer flammten in einander.

War's bei dem schwedischen Befehlshaber der
jähe Ausbruch der in ihm gährenden Gefühle, oder
mochte er in den Augensternen des Bürgermeisters
dessen wahre Gesinnung erkannt und gelesen haben
— er vergaß die frühere Rücksicht.

„Schützen!“ höhnte er. „Meinen Sie, Herr

Bürgermeister? Ich meine anders. Wir schützen
nur, wer zu uns steht, und es ist endlich Noth,
unsere Freunde und Feinde von einander zu son=
dern.“

„Wenn das ist, so darf unseres Bleibens hier
nicht länger sein!“ hatte auf den Bescheid des alten
Edelmannes der schon vorhin aufgetretene Rathsherr
ausgerufen. „Unter dem Einfluß einer solchen Nach=
richt würde sich jeder Tropfen einem ehrlichen Bran=
denburger zu Gift verwandeln. Gehen wir!“

„Halt, nicht von der Stelle!“ donnerte die
Stimme des Obersten.

Er hatte das nächste Glas von der Tafel auf=
gegriffen und war damit dicht an den Gastgeber
hingetreten.

„Stoßen Sie an, Herr von Briest,“ richtete er
das Wort an denselben, „und Jeder stoße an, den
wir ferner nicht als Feind betrachten sollen: Schwe=
den für immer!“

„Den Teufel auch!“ lachte der Alte. „Sie ken=
nen meine Bedingungen, Oberstchen. Unter diesen,
und wenn sonst alle Verhältnisse zutreffen, mag’s
drum sein, ich habe nichts dawider.“

„Ohne Bedingungen!“ beharrte der Oberst auf
seinem Willen und seine Augen flammten. — „Was
giebt’s?“

Ein Dragoner, der, nach seiner durchnäßten und mit Koth bespritzten Uniform zu schließen, so-eben von einem eiligen Ritt angelangt war, stand, wie es schien, mit einer Meldung vor dem Obersten.

Einige besonnene Offiziere benutzten diesen gün-stigen Zwischenfall, sich zwischen ihren Kommandeur und den alten Edelmann einzudrängen.

„Den Teufel auch," vernahm man die scher-zende Stimme des Letzteren aus der ihn umgeben-den Gruppe, „das nenne ich Einem die Pistole auf die Brust setzen! Daß Dich! Hauptmann Klinkow-ström, Ihr mögt Euch bei dem Obersten bedanken; die Doppelsechs war mir sicher. Morbio! ich bin da gegen Euch in schweren Schaden gekommen."

Der Bericht des eingetroffenen Boten schien das Interesse des Obersten in hohem Grade in Anspruch zu nehmen und seinen Verdacht noch zu steigern. Er richtete in rascher Folge eine Reihe von Fragen an denselben, und wiederholt fixirten seine Blicke namentlich den zu seinem vorigen Sitz zurückgekehr-ten Bürgermeister.

Mit jenem ersten Dragoner war übrigens zu-gleich noch ein zweiter in der Thür des Saals er-schienen und hatte dort einem Offizier, den er durch Zeichen zu sich herangerufen, eine Mittheilung ge-macht, infolge deren der Offizier mit allen Zeichen der Aufregung und des Erstaunens eiligst zu dem Obersten herantrat.

Von den ursprünglich anwesenden Rathsmitgliedern erblickte man keinen mehr in dem Saal. So wenig die Beiden sich auch um ihre Umgebung zu kümmern schienen, war doch weder dem Bürgermeister, noch dem im Kreise der Offiziere lustige Geschichten erzählenden Herrn von Briest das Auftreten des zweiten Dragoners und die wachsende Erregung des schwedischen Befehlshabers entgangen. Der bei dem Erscheinen jenes Mannes in den Augen des Ersteren aufleuchtende jähe Blitz des Schreckens und die tiefen Athemzüge, womit er mühsam seine Fassung zu wahren versuchte, bekundeten übrigens, wie heftig er sich durch diesen Zwischenfall berührt fühlen mußte.

Der Oberst hatte dem zweiten Reiter, nach Anhörung seines Berichts und einiger an ihn gerichteten Fragen, einen raschen Befehl ertheilt und sich dann der Tafel wieder zugewendet. Seine Blicke ruhten mit einem unendlichen Anflug von Hohn und Ueberlegenheit auf dem Bürgermeister; ein stolzer, furchtbarer Ernst lag auf seinem Antlitz.

„Haben Sie nicht von mir einen Freipaß für Ihre Tochter nach Schloß Bähne gefordert?" richtete er die kalte und gemessene Frage an denselben.

„Was ist's mit meinem Kinde? Um Gotteswillen, sprechen Sie, Herr Oberst! Ist dem Mädchen ein Unglück zugestoßen?"

Die Bewegung in der Stimme und die Bestürzung in den Zügen des Bürgermeisters trugen zu deutlich den Stempel des innersten Ausflusses seiner Gefühle, als daß an der Wahrheit desselben gezweifelt werden konnte. Ein Glück für ihn, daß der inquirirende Offizier sich bei ihm zuerst an den Vater gewendet hatte; der Vortheil der Lage war damit ganz naturgemäß auf den Befragten übergegangen.

Auch stutzte der Oberst sichtlich.

„Beruhigen Sie sich," äußerte er; „Ihrer Tochter ist nichts geschehen. Doch wie kommt es, daß dieselbe, statt sich längst in Bähne zu befinden, vor einer oder zwei Stunden auf dem Wege nach Kremmen war?"

„Unmöglich!"

Der Bürgermeister hatte bei dieser Mittheilung seine gewöhnliche Ruhe und Kaltblütigkeit vollkommen wiedergewonnen.

„Mit meinem Verwalter?" richtete Herr von Briest die verwunderte Frage an den schwedischen Befehlshaber. „Das wäre doch kurios!"

Alle Anwesenden waren um diese Verhörsscene zusammengetreten.

Der Oberst sah sich in Gefahr, den Vorzug des Fragestellens ganz einzubüßen.

„Die Untersuchung wird das ergeben," versuchte er den alten Edelmann von sich abzuwehren. „Die Jungfer ist von einer unserer Patrouillen aufgehoben worden und wird mit ihrer Begleitung sogleich hier eintreffen."

„Teufel nicht noch mal!" beharrte der Alte auf dem geforderten Bescheid. „Aufgehoben — hierhergeführt — mir schwindelt der Kopf von dem Allen. — So spreche Er doch!" richtete er das Wort an den zuerst angelangten Dragoner. „Er muß das doch wissen. Befand sich denn mein Verwalter in Begleitung der Jungfer?"

Der Mann blickte zweifelnd und ungewiß auf seinen Kommandeur; er schien aus Unkenntniß der deutschen Sprache die an ihn gerichteten Fragen gar nicht verstanden zu haben.

In dem gleichen Moment ward von dem zweiten Dragoner die Magd aus dem Hause des Bürgermeisters in den Kreis der Offiziere geschoben.

„Ha, gut!" nahm der Oberst mit neu aufflammender Energie das vorige Verhör wieder auf. „Verantworten Sie sich, Herr Bürgermeister! Was

ist es mit dem Manne, den Sie und der Verwalter
des Herrn von Briest heute Vormittag in Ihrer
Küche überwältigt und in Ihren Keller gesperrt
haben?"

Der Gefragte mußte nach dem vorigen Erscheinen
des Reiters auf den jetzt eintretenden Vorfall wohl
schon vorbereitet gewesen sein. Seine Sicherheit
verließ ihn unter der so plötzlich hereingebrochenen
Gefahr keinen Augenblick. Er griff sich wie unter
der Herrschaft einer ihm jetzt erst aufsteigenden Er=
innerung an die Stirn.

„Und den ich über den wechselnden Ereignissen
des heutigen Tages ganz daselbst vergessen habe!"
ergänzte er die Aeußerung des Offiziers. Himmel!
ja —"

„In den Keller gesperrt!" unterbrach ihn Herr
von Briest mit einem bei alledem etwas gezwungenen
Lachen, um dem Bedrängten Zeit zur Ueberlegung
zu schaffen: „Teufel! Gevatter, wenn das der ge=
wöhnliche Aufenthalt für Eure Arrestanten ist, so
dürfte ich für eine oder ein paar Stunden eben auch
keine Einwendungen dawider erheben."

„Der Mensch ist ein von der Justiz unserer
Stadt wegen Raub und Landschädigung schon lange
verfolgter Strolch," antwortete jetzt der Bürger=
meister, ohne auf diese Unterbrechung zu achten,

6

dem Obersten. „Der Mensch hat die fast unglaub-
liche Frechheit besessen, sich unter dem Vorwande
einer angeblich an mich zu bestellenden Botschaft in
meine eigene Behausung einzuführen.“

„Und von wo kam und was betraf die Botschaft?“
höhnte der Oberst.

„In der That, ich weiß es nicht. So viel ich
von meiner Tochter und dem Fräulein von Briest
vernommen habe, hat der Mensch von Brandenburg
zu kommen vorgegeben. Ich traf denselben in der
Küche schlafend und erkannte ihn auf der Stelle.
Der Verwalter des Herrn von Briest erkannte ihn
ebenfalls und leistete mir Hilfe, ihn zur Haft zu
bringen. Es ist der berüchtigte Räuber Manso, der
früher schon einmal hier im Thurm gesessen hat.
Wofern ich den Menschen nicht ganz vergessen hätte,
würde er längst in das Stadtgefängniß übergeführt
worden sein.“

„Der also ist's!“ war ihm der alte Edelmann
in's Wort gefallen. „Den Hallunken kenne ich
auch . . .“

„Herr von Briest, auch an Sie wird die Reihe
kommen!“ versuchte der Oberst den unbequemen
Zwischenredner zur Ruhe zu verweisen. „Und, Herr
Bürgermeister, warum ist mir von dem Vorfall
nichts gemeldet worden?“

„Unsere Stadt," erwiederte der Gefragte, „welche
der Mann so oft und schwer geschädigt hat, und die
seit Jahren auf ihn fahndet, hatte unbedingt den
ersten Anspruch auf ihn. — Indeß ja," lenkte er
ein, „es liegt in diesem Unterlassen eine unverzeih-
liche Versäumniß von mir. Schon das Vorgeben
des Menschen, aus Brandenburg, also einer noch
von brandenburgischen Truppen besetzten Stadt, zu
kommen, mußte mich auf das unbedingte Erforderniß
einer solchen Meldung aufmerksam machen. Glücklicherweise vermag ja aber das Versäumte noch wieder eingebracht zu werden. Das Verhör des Gefangenen kann am Ende jeden Augenblick vorgenommen
werden."

„Das möchte doch seinen Bedenken unterliegen,"
lachte der Herr von Briest. „Gevatter, Ihr habt
den Kerl bei sechs, acht Stunden in Euren Keller
gesperrt und denkt noch ein Verhör mit ihm vornehmen zu können! Hahaha! Der Manso, wie
ich ihn kenne, müßte nicht der Manso sein, wofern
er diese köstliche Gelegenheit nicht genutzt haben sollte,
sich sternhagelvoll zu saufen!"

„Und damit denken der Herr mich abzufinden?"
fuhr der Oberst gegen den Bürgermeister auf.
„Jetzt spreche Sie!" richtete er den Befehl an die
Magd. „Berichte Sie genau und der Wahrheit

6*

gemäß, was Sie vorhin hier dem Dragoner, Ihrem
Geliebten, mitgetheilt hat."

Die durch die plötzliche Versetzung in diesen Kreis
und durch die Gegenwart der vielen Offiziere bei
dem Mädchen ohnehin erzeugte Verwirrung war
durch die Sicherheit und das scheinbar Zutreffende.
in den Mittheilungen ihres bisherigen Brodherrn
nur noch gesteigert worden, und die Barschheit in
der Aufforderung des Obersten trug eben auch nicht
dazu bei, ihr die nöthige Besinnung wiederzugeben.
Angstvoll schaute sie auf zu dem Bürgermeister und
wieder zur Erde. In ihrer grausamen Verlegenheit.
schien sie sich darauf versessen zu haben, mit der
einen nicht verbundenen Hand sich den Schürzenzipfel
in den Mund stopfen zu wollen.

„Nun, wird Sie sprechen?" fuhr der Oberst,
von seiner Ungeduld fortgerissen, auf sie ein, „oder
soll ich Ihr die Zunge lösen? Was hat Sie dem
Dragoner da mitgetheilt?"

„Der schlechte Mensch!" heulte das Mädchen,
„braucht darum auch nicht gleich den Angeber zu
machen und mich in's Unglück zu bringen. Und es
ist ja Alles so, wie der Herr gesagt hat. Ich hätte
ja auch gar nicht gesprochen, wenn es nicht seit ein
paar Stunden schon in dem Keller ganz still gewor=
den wäre."

„Hahaha!" lachte der alte Edelmann. „Was habe ich vorausverkündet, und wer hält die Wette? Gevatter, schade um Euer Malvasierfäßchen! Zwanzig Goldgulden, daß der Kerl sternhagelvoll im Keller gefunden wird!"

„Nun, Herr von Briest, wenn Sie denn durchaus Ihre mindestens verdächtigen Einmischungen nicht unterlassen können, so verantworten Sie sich selbst!" rief der Oberst heftig. „Vor Allem, Herr, geben Sie Auskunft über Ihren Verwalter. — Sie hat denselben," kehrte er sich wieder zu dem Mädchen, „gegen diesen Dragoner da als einen verkleideten brandenburgischen Offizier bezeichnet. Ist dem nicht so?"

„Unsere Jungfer hat es gesagt!" heulte die Dirne, durch die unverhoffte neue Wendung der Sache vollends verwirrt. „Ich weiß ja überhaupt von gar nichts, ich bin ja nicht in der Küche gewesen. Die Hedwig ist an Allem schuld. Sie hat so apart gethan und auch gemeint, daß der Gefangene befreit werden müßte."

Das meisterhaft ausgedrückte Erstaunen des alten Edelmanns bei der so plötzlich wider ihn geschleuderten Beschuldigung hätte dem besten Schauspieler Ehre machen mögen.

„Mein Verwalter ein verkleideter brandenbur-

gischer Offizier!" machte seine anscheinende Ver=
wunderung sich Luft. „Daß Dich das Mäuschen
beiß! Aber der Mensch ist ja hier geboren und
erzogen, und es leben noch genug Leute in der Stadt,
die ihn seit dreißig Jahren und darüber kennen.
Nicht, Gevatter, ist er nicht auch ein Verwandter
von Euch, oder seid Ihr nicht gar sein Vormund
gewesen? Gedient mag er seiner Zeit wohl haben,
doch das ist sicher schon sehr lange her und in den
letzten zwölf Jahren hat er 'als Verwalter bei dem
Herrn von Oehra da unten im Eichsfeld in Lohn
und Brod gestanden. Mir ist er von meinem
Schwestersohn, dem Herrn von Eicke in Erfurt, em=
pfohlen worden. Der ein Offizier — daß sich Gott
erbarm! — — Also die Hedwig hat das gesagt!"
lenkte er auf die Auslassung der Magd in eine
andere Richtung ein. „Daß ich darauf auch nicht
gleich gefallen bin! Na, da ist am Ende Alles er=
klärt. Die ganze Stadt weiß, wie das mit dem
armen Mädchen steht, und der Herr Oberst haben
ja selber heute erst eine Probe davon erhalten."

Um seine Verlegenheit über den völlig abge=
schlagenen Angriff zu verbergen, hatte der Letztere
den Befehl ertheilt, den Gefangenen augenblicklich
hierherzuführen.

„Wer hält die Wette, Ihr Herren," lachte der

Alte, „zwanzig, nein funfzig Goldgulden, daß der Kerl, der Manso, den blauen Himmel für eine Schlafmütze ansieht!"

Das Rollen eines vor dem Rathhause vorfahrenden Wagens und das Getrappel einer Anzahl Pferde machte sich, untermischt mit dem tollen Lärm der draußen auf dem Marktplatz zechenden Dragoner, von der Straße vernehmbar. Das Gesicht des Bürgermeisters schaute in der Erwartung der nahenden Entscheidung todtenbleich; doch mit einer fast übermenschlichen Anstrengung unterdrückte der willensstarke Mann jedes andere sichtbare Zeichen seiner inneren furchtbaren Erregung.

„Ha, da ist das Mädchen endlich eingetroffen!" rief triumphirend der Oberst, als man das Gefährt halten hörte. „Jetzt wird sich Alles aufklären."

„Um Gotteswillen!" sagte, zum ersten Mal mit einem gewissen feierlichen Ernst, der Herr von Briest jetzt zu dem Schweden, „der Herr Oberst beabsichtigen doch nicht, das arme, geistesverwirrte Mädchen einem Verhör zu unterwerfen? Und wenn auch ihr Zustand dem nicht schon entgegenstände, kann denn von der Tochter ein Zeugniß wider ihren Vater gefordert werden?"

Das Murren der Offiziere ließ den schwedischen Befehlshaber die ihm schon auf die Lippen getretene heftige Erwiederung unterdrücken. Augenscheinlich waren die meisten der Herren einer ferneren Fortführung der allem Anschein nach doch fruchtlosen Untersuchung überdrüssig und wünschten das so jäh unterbrochene Gelag wieder aufzunehmen. Ein Theil derselben hatte sogar bereits an der Tafel wieder Platz genommen.

Hinter Hedwig war von der begleitenden Wache ein Bauer in den Saal gestoßen worden. Der Mensch bot einen wahrhaft entsetzlichen Anblick. Das von einem Schlage über den Kopf mit Blut getränkte Haar hing ihm verfilzt und verwirrt in die Stirn, Schmutz und Blut ließen gleicherweise die Züge seines Gesichts kaum unterscheiden, die Hände waren ihm auf dem Rücken zusammengeschnürt, seine Kleider starrten von Nässe und von dem Koth der Landstraße.

Mit einem furchtbaren Fluche war der alte Edelmann von seinem Sitze aufgefahren. Trotz der in dem weitläufigen Gemach herrschenden Dämmerung hatten seine scharfen Augen entdeckt, daß sich Hedwig ebenfalls gefesselt befand.

„Oberst von Wangelin," rief er demselben zu, „Sie sind Cavalier. Sehen Sie dort. Das ist unerhört! Dem armen unschuldigen Kinde sind die Hände zusammengebunden worden."

Ein allgemeiner Schrei der Entrüstung tönte durch den Saal.

„Wer hat das gethan?" donnerte der Oberst den die Wache führenden Korporal an. „Herunter die Stricke!"

„Es ist von der Begleitung des Wagens auf meine Mannschaft geschossen worden," versuchte der bestürzte Reiter seine Handlung zu entschuldigen. „Der Bauer ist mit den Waffen in der Hand gefangen worden."

„Und darum hat Er Esel das arme Mädchen ebenfalls binden zu müssen gemeint?" schnaubte der Oberst den Mann an. „Himmel Element!"

Der Vater hielt seine laut aufschluchzende Tochter umschlungen. Alles lärmte und wirrte durch einander.

„Stephen, wenn Dir Dein Leben lieb ist, bestätige Alles, was ich auch sagen und behaupten werde," hatte unter Begünstigung des allgemeinen Aufstandes der Herr von Briest in dem Plattdeutsch der Gegend dem gefangenen Bauer zugeraunt.

Und daß Dich!" rief er, auf den Mann deutend, laut zu den Uebrigen gewendet. „Nun ich das Gesicht des Burschen erst zu entziffern vermag, wird mir Alles klar. Das ist der Martens aus Koppensdorf und einer der Hauptunruhstifter im

Lande. Auf dem Rückwege von Bähne ist der Wagen mit dem Mädchen den Strolchen in die Hände gefallen und sie haben durch das Wegkapern derselben von dem Vater oder mir ein tüchtiges Lösegeld erpressen wollen. Ist's nicht so, Du Hallunke?"

Der Bauer, eingedenk der ihm vorhin ertheilten Empfehlung, nickte.

„Nun Oberstchen, da haben Sie die gewünschte Erklärung!" wandte sich der alte Edelmann an den Schweden. „Verlangen Sie noch mehr? — Doch nun in's Bett mit dem armen Kinde! Wie durchnäßt sie ist — es schüttelt sie vor Frost!"

Die Zweifel des Obersten waren offenbar noch lange nicht gelöst; doch durch den eingetretenen Zwischenfall war ihm die Beherrschung der Lage gänzlich verloren gegangen.

Ehe er noch etwas sagen oder thun konnte, ließen sich von der zu dem Saal führenden Treppe die Fußtritte vieler Menschen, lautes Lachen, wie das schwerfällige Stolpern und die lallenden Laute eines Betrunkenen vernehmen. Nach einem Augenblick ward der im Keller des Bürgermeisters von diesem verborgen gehaltene Mann in einem allerdings nicht beschreibbaren Zustande von drei oder vier Dragonern über die Schwelle geschoben.

Der Bürgermeister hatte bei diesem rettenden

Anblick einen dankenden Blick zum Himmel geworfen. Das Ueberwallen seiner so lange zurückge-
drängten Gefühle drohte ihn bei dem Erreichen des
sicheren Ports noch verrathen zu wollen.

„Wer hat Recht behalten?" jubelte der Herr
von Briest. „Ich wußte es ja, daß der Kerl die
herrliche Gelegenheit nicht unbenutzt lassen würde.
Gevatter, hahaha! Euer Malvasierfäßchen wird das
empfunden haben. — Und richtig!" fügte er mit
einem Blick auf den Gefangenen hinzu, „es ist
der Manso, wie er leibt und lebt. Nun, dem Galgen ist da ein herrliches Pflänzchen zugewachsen.
Aber — halt, da fällt mir ein, der Satansbraten
soll's ja in letzter Zeit ebenfalls mit den Aufständischen gehalten haben. Heda! Licht her!"

Von den Dienern waren mittlerweile mehrere
Armleuchter auf den Tisch gestellt worden.

„Leuchtet einmal hierher — so recht! Und nun
führt mal den anderen Burschen herbei! Kennst Du
den da? Gestehe, Kerl!"

„Hä, ich werde doch!" grinste der durch einen
raschen Augenblitz aufmerksam gemachte Bauer, „der
gnädige Herr kennen ihn ja auch."

„Nun denn, Herr Oberst," kehrte sich der alte
Edelmann zu diesem, „der Fang, sage ich Ihnen,
ist Goldes werth. Mit diesen beiden Spitzbuben

halten Sie die sämmtlichen Fäden des Aufstandes unter dem Landvolk in Händen. Morgen, wenn der da ausgeschlafen hat, brauchen die Beiden nur confrontirt zu werden und ich will meinen ehrlichen Namen nicht tragen, wofern Sie nicht Wunderdinge erfahren!"

Sechstes Capitel.

Die Nacht vom 14. zum 15. Juni 1675 wandte sich schon gegen Morgen; doch bemerkte man es kaum, da düsterer Himmel die nächtige Gegend bedeckte. Der Regen fiel in Strömen, der Wind war zum Sturme angewachsen. Die Nebel, die mit dem erwachenden Tage aus den sich meilenweit im Westen von Rathenow sich ausbreitenden Sümpfen und Brüchen aufstiegen, hüllten vollends Alles in ihren undurchdringlichen Schleier. Kaum daß das Auge auf nächste Entfernung schattenhaft und ungewiß die Stämme der Baumgruppen zu unterscheiden vermochte, die über das dichte Untergebüsch emporragten. Nur das eigenthümlich klatschende Geräusch vieler Fußtritte im Schlamme, das Klirren von Stahl und Eisen und gelegentlich das Wiehern eines Pferdes oder ein halblaut ausgestoßener Fluch gaben Zeugniß davon, daß sich auf diesem trügerisch nachgiebigen Boden Menschen bewegten.

Ein schwerer Fall in's Wasser und einzelne halb unterdrückte Ausrufe von der Spitze des Zuges hatten denselben in's Stocken gebracht.

„Gottlob!" äußerte eine Stimme, „ich höre das Rauschen des Flusses vor uns; so werden wir doch endlich im Stande sein, die Richtung wiederzugewinnen. He, Mensch, vermagst Du Dich nunmehr wieder in der Gegend zurechtzufinden?"

Der Gefragte zögerte mit der Antwort.

„Kurfürstliche Gnaden," äußerte er endlich zögernd und ungewiß, das kann der Fluß noch nicht sein, es geht zu steil aufwärts dahin."

„Hund von einem Kerl!" fiel ihm eine rauhe, polternde Stimme ins Wort, „was hindert mich, Dir mit dem Kolben des Pistols den Schädel einzuschlagen? Daß Dich der Donner und der Hagel mit einander niederstrecke!"

„Gemach, Derfflinger!" versuchte die vorige Stimme den Aufgeregten zu beruhigen. „Euer Toben verwirrt den Menschen nur noch mehr. Das Glück ist wider uns. Es bleibt uns keine Wahl. Um unsere Truppen nicht vollends vor der Zeit zu erschöpfen, muß der Morgen abgewartet werden."

„Tausend Sack voll Enten!" fluchte der Alte,

„und bis dahin werden uns diese Himmelsapper-
ments=Schweben das leere Nachsehen gelassen haben.
Achtzig Meilen sind wir in einem Zuge geritten,
um im letzten Augenblick noch in diesem gottver=
dammten Elsbruch zu Schanden zu werden? Und
auch von dem Henning läßt sich nichts sehen und
hören.‟

„Der Oberstwachtmeister,‟ warf der Kurfürst
ein, wird sich in dieser undurchdringlichen Finsterniß gleich uns verirrt haben.‟

„Das kommt von dem nichtsnutzigen Heimlich=
thun,‟ brummte Derfflinger. „Habe all mein Lebtag noch nichts Gescheutes daraus hervorgehen sehen
und bin doch an die fünfzig Jahre und darüber
schon mitgeritten. Frische Fische, gute Fische! Mit
den Eiern in die Pfann’, ehe Küchel herauskommen!
Wenn wir nach meinem Rath Rathenow gleich gestern
früh am lichten Tage angegriffen hätten, so wären
wir jetzt darin und hätten mit diesem verdammten
Warten und Hin= und Herziehen nicht unersetzliche
vier und zwanzig Stunden verloren!‟

„Rathenow,‟ entschied der Kurfürst, „ist zu fest,
um anders, als durch einen Handstreich, oder durch
regelmäßige Belagerung genommen zu werden, und
der Oberst Wangelin ist ein zu guter Soldat, als
daß ein Angriff am hellen Tage auf die von ihm

besetzte Stellung hätte glücken können. Uebrigens
aber würde sich auf den ersten hier gefallenen Schuß
die noch getrennte schwedische Armee weiter rückwärts vereinigt haben und alle Vortheile der Ueberraschung wären damit für uns verloren gegangen."

Ein Anruf aus der Ferne hatte den alten und
berühmten Reiterführer die heftige Erwiederung unterdrücken lassen, die ihm schon auf die Lippen getreten war.

„Haltet ihn auf! Steh', Hund!" hörte man
rufen. „Halt, schießt nicht — greift ihn fest —
zurück mit dem Kerl!"

„Wo ist der Kurfürst?" fragte nach einigen
Augenblicken eine Stimme.

„Hier! Was giebt's?"

Der hohe Herr war den sich Nähernden einige
Schritte entgegengeritten.

„Kurfürstliche Gnaden," stattete ein rasch sein
Pferd dem Schalle zulenkender Reiter seine Mel-
dung ab, „der Mann hier ist soeben von unseren
Posten aufgegriffen worden."

Die schwarzen Schatten einer Reitergruppe waren auf dieser etwas lichteren Stelle hinter dem
Sprecher bemerkbar geworden.

„Hä! wenn ich gewußt hätte, daß Ihr Brandenburger seid, so würde ich nicht vor Euch gelau-

fen fein," ließ sich in dem breiten bäurischen Platt
der Gegend eine Stimme vernehmen. „Ihr könnt
mir wohl sagen, wo ich unsern Verwalter finde?"

Ein halbunterdrücktes Lachen war bei dieser naiven
Frage um den Fürsten vernehmbar geworden.

„Wen meinst Du, mein Sohn?" richtete der
Kurfürst die Gegenfrage an den Frager.

„Nu, hä! unsern Verwalter," wiederholte Jener.
„Die Schweden, die Himmelhunde, haben unsern
gnädigen Herrn in Rathenow gefangen gesetzt, und
unser gnädiges Fräulein hat mir einen Zettel an
den Verwalter mitgegeben!"

„Ist der alte Briest gefangen?" rief Derfflinger
hastig. „Es ist der Henning, den er meint," er=
klärte er dem Kurfürsten.

„Dat soll schon so sein," lautete die nach Bauern=
art ausweichende Antwort des Mannes. „Aber
ja, Herr, der ist's, den ich meine."

„Rasch eine Lunte angeschlagen!" ertheilte der
Kurfürst an die ihm Nächsten den Befehl. „Gieb
her den Zettel, mein Sohn!"

„Hm," zögerte der Bauer, „Hei ist ja aber
nicht unser Verwalter!"

„Es ist Se. Gnaden der Kurfürst!" beeilten sich
Mehrere, ihn zu unterrichten.

„Ja, dat geht mi aber All nischt an," verharrte

der Mann mit echt märkischem Phlegma nichtsdestoweniger bei seiner Weigerung, „ich bin doch an unseren Verwalter gewiesen."

„J, Ihn verdammten Esel sollen ja... Wird
Er gleich den Brief an den Herrn Kurfürsten
geben!"

Der alte Reiterführer schien mit der Fluth von
schlimmen Ehrentiteln, Flüchen und Verwünschungen,
die er über den störrischen Burschen ausschüttete, die
rechte Art der Behandlung desselben getroffen zu haben. Der Mensch gehorchte sofort. Die von dem alten brandenburgischen Feldmarschall an ihn gerichteten
Fragen wurden schnell und ohne Rückhalt beantwortet.

Der Kurfürst hatte das Schreiben erbrochen und
mühte sich, bei dem schwachen Leuchten mehrerer um
ihn emporgehaltenen brennenden Lunten die flüchtigen
Schriftzüge zu entziffern.

„Also," inquirirte Derfflinger den Ueberbringer,
„Euer Verwalter hat Euch gestern die Tochter des
Bürgermeisters von Rathenow nach Kremmen an den
Amtschreiber abzuliefern befohlen und auf dem Trans-
port dahin seid Ihr auf eine schwedische Streifpartie
gestoßen, wobei Du gefangen worden bist?"

„Ja, Herr," ergänzte der Bauer, „und in Rathenow haben mich die Kerle in den alten Thurm unter
dem Rathhause geworfen. Und den ganzen Abend

und die Nacht haben sie auf dem Marktplatz nicht
aufgehört zu zechen und zu jubeln. Auch oben im
Rathhaussaal haben sie geschrieen und dazwischen
immer mit den Trompeten geblasen. Endlich aber ist
Alles still geworden und dann sind unser gnädiges
Fräulein und des Bürgermeisters Hedwig gekommen,
und die Erstere hat mir den Zettel gegeben und mich
gefragt, ob ich mich wohl getraute, denselben unserem
Verwalter zu bringen; der wäre hier herum bei dem
Herrn Kurfürsten. Und ihre beiden Väter, unseren
alten gnädigen Herrn und den Bürgermeister, hätten
die Schweden gefangen gesetzt und wollten sie morgen
erschießen lassen. Da bin ich denn durch die Havel
geschwommen — und Herr, das ist Alles."

Der Kurfürst las:

„Theuerster Joachim!

Hülfe! Rettung! Auf Dir beruht noch meine
ganze Hoffnung. Gestern spät Abends ist in
der Stadt noch ein Bote von dem schwedischen
Feldmarschall aus Havelberg mit der Kunde
von der Annäherung des Kurfürsten eingetroffen.
Der Oberst Wangelin hat darauf ein Verhör
des von Euch in den Keller gesperrten Mannes
angeordnet, und dieser, der mittlerweile wieder
nüchtern geworden, hat Alles entdeckt. Mein
und Hedwig's Vater befinden sich gefangen auf

7*

dem Rathhause, und wie die Diener berichten,
hat der wüthende Schwede geschworen, morgen
vor seinem Abmarsch Beide erschießen zu lassen.
Gott! Ich würde verzweifeln, wenn Hedwig
mich nicht aufrecht erhielte. Das arme Mädchen schuldigt sich an, das ganze Unglück durch
ihre Uebereilung veranlaßt zu haben und bietet
Alles auf, ihren vorigen Fehl wieder gut zu
machen. Sie hat auch an den Ueberbringer
gedacht und den Stockmeister auf unsere Seite
zu bringen gewußt. Komme, komme schnell.
Du darfst mich nicht verlassen.

Deine Johanna.“

Ein halbes Lächeln überflog das ernste, gedanken-
reiche Gesicht des Fürsten.

„Siehe da,“ murmelte er, „der Henning hat ja
auch für sich seine Zeit gar nicht übel zu nutzen
gewußt. Mein Falke hat einen hohen Flug genommen. Der alte Briest ist einer der reichsten
Edelleute in meinen Landen. Nun, der Oberstwachtmeister ist ein besonders befähigter Offizier und
er hat meiner Ankunft hier gut vorgearbeitet. Vielleicht — wir werden ja sehen!“

„Und waren die Schweden alert und munter?“
hatte Derfflinger eine letzte Frage an den Bauer
gerichtet.

„Hä!" grinste der, „nu dat geiht wohl. Es lagen noch genug der Länge nach auf der Gasse ausgestreckt, um ihren Rausch auszuschlafen, und die Anderen standen um den Brunnentrog her und gossen sich mit den Stalleimern Wasser über die Köpfe, um nur aus den Augen sehen zu können. Der Wangelin war fuchswild über die Kerle. Jenseit der Havelbrücke dagegen streiften ihre Patrouillen schon aller Orten und da bin ich denn gleich nach links ausgebogen."

„Getraust Du Dich, mein Sohn, uns von hier auf dem kürzesten Wege nach Rathenow zu führen?" fragte der Kurfürst den Mann.

„Hm!" Der Bauer ließ einen prüfenden Blick über seine Umgebung schweifen. „Ja, ganz recht," brummte er zwischen den Zähnen, „da stehen die beiden alten Weiden und dort die Fichte. Das ist das tiefe Luch. — Na, ich denke doch, Herr," erwiederte er dann. „Die Havelbrücken von Rathenow liegen keine Dreiviertelstunden von hier entfernt."

„Kurfürstliche Gnaden denken doch nicht mehr daran, Rathenow durch einen Handstreich nehmen zu wollen?" versuchte einer der Begleiter des Fürsten dessen Entscheidung abzulenken. „Der Feind ist jetzt gewarnt und auf seiner Hut, unsere Infanterie aber

ist bis auf die paar hundert Musketiere hier noch
weit zurück. Auch bleibt auf eine Unterstützung durch
die von dem Oberstwachtmeister Henning beabsichtigte
Umgehung in keinem Fall mehr zu hoffen. Endlich
muß der Tag bald anbrechen und unsere Leute sind
zum Umsinken ermüdet."

„Potz Zinken!" fluchte der Derfflinger, „General
Goltzen, was sind das nur wieder für Anstände!
Drauf, Durchlaucht! Für meine Dragoner stehe ich
und die Kerle, die Schweden, sind zur Hälfte noch
nicht nüchtern."

„Es bleibt uns keine Wahl," entschied der Fürst
gegen den ersten Sprecher, „der Herr von Briest
und der Bürgermeister von Rathenow befinden sich
in der augenscheinlichsten Gefahr, und Pflicht und
Ehre fordern, zur Rettung der beiden treuen Män=
ner, die sich um unseretwillen in diese tödtliche Ge=
fahr begeben haben, wenigstens einen Versuch zu
wagen. Auch hat uns der liebe Gott bisher zu
sichtlich begünstigt, als daß er uns jetzt verlassen
sollte!"

Von der Spitze des Zuges wurde angerufen.

„Die Lunten aus!" herrschte Derfflinger.

„Ergebt Euch!" hallte der Ruf durch die Nacht,
„ein Schuß und Ihr seid des Todes!"

Nach einigen Augenblicken näherten sich rasche Hufschläge.

„Wo ist der Kurfürst?" tönte wiederum die Frage.

„Hier! Was giebt's?"

„Kurfürstliche Gnaden," berichtete die Meldende, „eine feindliche Patrouille von einem Rottmeister und sechs Dragonern der Besatzung von Rathenow hat sich zu unseren Vortruppen verirrt und ist so-eben gefangen worden."

„Alle Hagel!" jubelte der Feldmarschall, „Durch-laucht, das ist ein Wink des Himmels! Jetzt ist Alles gewonnen. Die Burschen müssen die Parole und das Feldgeschrei des Feindes kennen und mit Güte oder Gewalt wird es schon glücken, sie zum Sprechen zu bringen. Damit aber ist nichts leich-ter, als die Wache am Havelthor zu überrumpeln. Eine Stunde und darüber bleibt es noch dunkel und wir brauchen uns ja nur für eine von den Branden-burgern verfolgte Streifpartei auszugeben. Ich selber will die Spitze führen. Gott straf' mich! das Wage-stück laß ich mir nicht nehmen."

„Aufgebrochen!" tönte das Kommando des Kur-fürsten. „So führe uns denn auf dem nächsten Wege," richtete er das Wort an den Bauer. „Es gilt das Leben Deines gnädigen Herrn, und eine

große Belohnung von ihm und mir ist Dir sicher.
— Vorwärts, Ihr Herren!"

Der Derfflinger war in dem Feuereifer für die
Ausführung seines Planes den Uebrigen schon vor=
aufgesprengt. — — — — — — —

— — — — — — — — — — — —

„Hinunter in den Graben, Mann, und einmal
drüben, schleichst Du Dich mit den Dir beigegebe=
nen vier Mann die Mauer entlang bis zur Hinter=
pforte des Rathhauses, um vor Allem die Gefange=
nen wieder in Freiheit zu setzen. Vorwärts, Ihr da!"

„Nein, ich will nicht, ich steige da nicht hinun=
ter," weigerte sich der zuvor Angerufene. „Bedenkt
doch, Herr, ich habe auf Zureden des gnädigen
Fräuleins von Briest und der Jungfer Tochter un=
seres Bürgermeisters vorhin den gefangenen Bauern
entwischen lassen. Wenn ich mich wieder in die
Stadt wage und die Schweden mich fangen, ist es
um mich geschehen. Daß ich auf meiner so glück=
lich gelungenen Flucht da im Walde auch gerade
auf Euch stoßen mußte! Herr Gott im Himmel!
Was Ihr wissen wolltet, habe ich Euch ja gesagt
und Euch auch diese trockene Stelle im Graben und
die offene Pforte in der Mauer verrathen. Aber
nein, weiter bringt mich kein Mensch. Ich bin ja
kein Soldat, sondern habe einem ehrsamen Rath nur

als sein getreuer Diener geschworen. Ach, Du allbarmherzige Güte, und wie das kracht und wettert. Da schießen sie schon wieder!"

In der That knatterte von den Havelbrücken und dem Fluß ein mit jeder Sekunde mächtiger anschwellendes Feuer herüber. Die List Derfflingers war nur zum Theil gelungen. Das äußere Thor und die vordere kleinere Brücke befanden sich zwar bereits in den Händen der Brandenburger, doch die Schweden hatten durch den verzweifelten Widerstand der überfallenen Wache Zeit gewonnen, den Aufzug der hinteren Hauptbrücke aufzurichten und dahinter die Vertheidigung aufzunehmen. Dem brandenburgischen Feldmarschall ward das Pferd verwundet, der Oberstlieutenant Uckermann wurde an seiner Seite erschossen. Ein Versuch der brandenburgischen Musketiere, auf einigen vorgefundenen Kähnen über die Havel zu setzen und die Stadt von der Ost= und Nordseite im Rücken anzugreifen, war gleicherweise von den Schweden noch zeitig genug entdeckt und zurückgewiesen worden. Es schien bei der entschlossenen und umsichtigen Gegenwehr der Letzteren kaum noch eine Möglichkeit, daß der Angriff auf den namentlich von der Seite des Flusses außerordentlich festen Platz gelingen könnte.

„Willst Du schweigen, Unglücklicher!" herrschte

auf jener Stelle vor dem Stadtgraben der erste
Sprecher den geängsteten Rathsdiener an. „Laufe
zum Teufel, Memme! — Folgt mir, Männer!"

Noch bei dem Hinaufklimmen des jenseitigen
Walls wurden die Vorderften der kleinen Abtheilung von einer herbeieilenden schwedischen Patrouille
angerufen.

„Gebt den Hunden fünf Zoll blanken Stahl zu
koften!" rief der Führer den Seinen zu. Es war
der Henning.

Der Erfte sprang er nach der Bewältigung der
wenigen Feinde in den zweiten, unmittelbar die
Stadtmauer bespülenden Graben hinunter. Eine
kleine dort gelegene Pforte, durch welche der städ-
tische Stockmeister vorhin seine Flucht bewerkstelligt
hatte, fand sich noch nicht wieder geschlossen. Der
Eintritt in die Stadt war gewonnen.

„Halt, noch keinen Ruf!" mahnte die Stimme
des Befehlshabers. „Hauptmann von Kanoffsky,
Ihr wendet Euch mit den Musketieren den Feinden
am Havelthor in den Rücken. Hier dieser Mann
wird Euch führen. Ich selber will mit den Bauern
und aufgebotenen Jägern über den Marktplatz das
Mühlenthor zu gewinnen suchen. — Hilprecht,"
rief er einen Mann an seine Seite, „Du weißt in
der Stadt Bescheid. Uebernimm Du für alle Fälle

den Auftrag, die Gefangenen in Freiheit zu setzen. Vorwärts denn, mit Gott!"

„Halt! Werda?" tönte von dem Ausgang der nächsten Gasse der Zuruf des Führers einer herbeieilenden schwedischen Abtheilung.

„Hie Brandenburg! Hie Friedrich Wilhelm!" donnerte die Antwort. Ihren Führer vorauf, brachen im nächsten Moment hinter den flüchtigen Feinden die Brandenburger auf den Marktplatz hinaus; doch von dem hier aufgestellten schwedischen Rückhalt ward der ungeordnete Haufe schnell wieder in die nächsten Gassen und Straßen zurückgetrieben.

„Zieht Euch durch die Mühlen= und Nagelgasse an das Mühlenthor heran," feuerte Henning die Seinigen an. „Keiner dieser Schweden darf uns entrinnen, und mit dem Besitz des Thores sind sie wie in einer Falle gefangen.

„Die sechste Compagnie," vernahm man beinahe in dem gleichen Moment die Stimme des schwedischen Obersten vom Marktplatz her, „rückt nach dem Mühlenthor ab, die zweite greift durch die Mühlengasse an, um den eingedrungenen Feind wieder hinauszuwerfen. Vorwärts, meine Braven! Mit diesem elenden Bauerngesindel werden wir wohl noch fertig werden! ▲ — — — — — — — —

„„Gevatter, was fällt Euch ein!" lachte der alte
Herr von Briest. „Ihr seid ein Mann des Frie-
dens, an Euch ist es, die Mädchen vor Schaden
zu hüten, aber ich — hollah, Gevatter! ich habe
zuerst noch dem Obersten Wangelin für die mir
diese Nacht gewährte unfreiwillige Gastfreundschaft
meinen Dank abzustatten. — Hilprecht," kehrte er
sich zu dem Forstmann an seiner Seite, „daß Ihr
mich und den Wienand so noch zur rechten Zeit aus
dem verdammten Loche gezogen habt, vergesse ich
Euch und dem Henning mein Lebtag nicht. Gott
straf' mich! 's war ein Meisterstreich, wie Ihr dem
langen Kerl da vor meiner Thür so unversehens
das Oberste zum Untersten gekehrt habt! Aber,
Mann, jetzt setzt Eurer Wohlthat noch die Krone
auf und verschafft mir ein Gewehr."

„Da sind wir an der hintern Rathhauspforte,"
unterbrach er sich. „Kein Wort weiter, Gevatter!
Ihr übernehmt die Beschützung der Mädchen und
überlaßt es mir, meine durch das Scheitern meines
Planes so hart betroffene Reputation wiederherzu-
stellen. Weiß Gott, ich würde sonst mein Lebtag
nicht wieder ruhig werden können."

Ein aus der Richtung des Havelthores herüber-
schallendes wüstes Geschrei schnitt ihm das Wort
auf der Lippe ab.

„Hört Ihr das? Stadt gewonnen! und: Hie
Brandenburg!" kehrte sich der alte Edelmann nach
einem augenblicklichen Lauschen wie electrifirt zu sei=
nen Gefährten.

„Die Unserigen haben auch dort den ihnen ent=
gegengesetzten Widerstand bewältigt. Auf zu dem
Henning! Bei dem Mühlenthor liegt die Entschei=
dung. Keiner dieser verdammten Schweden darf
aus der Stadt entrinnen."

„Um Gotteswillen, schnell ihm nach!" eiferte
der Bürgermeister hinter dem Davonstürmenden her.
„Wir dürfen diesen alten Tollkopf nicht seinen wahn=
sinnigen Eingebungen überlassen."

Die Beiden stürzten ebenfalls die nach dem
Marktplatz führende Straße hinunter, ohne den mit
Jünglingsschnelle Vorauseilenden noch erreichen zu
können. In dem wilden Durcheinander vor dem
Rathhause war ihnen derselbe vollends aus dem
Gesicht verschwunden. Auch sie selber fanden sich
in dem gleichen Moment mit dem Eintreten in dies
verwirrte Getümmel von einander getrennt. Von
dem Havel= wie von dem Mühlenthor hatte sich
der Kampf in einem Augenblick auf den Markt
übertragen. Stahl klirrte an Stahl, die Schüsse
kreuzten sich aus allen Richtungen.

„Zusammengeschlossen!" donnerte die Stimme
des schwedischen Anführers. „Werft Handgranaten
in die Häuser! Eher mag dieses Nest zu Asche ver-
brennen, als daß jene brandenburgischen Lumpen
sich rühmen dürfen, die finnischen Dragoner besiegt
zu haben. Hauptmann Lassoë, stemmt Euch den
Feinden entgegen, ich werde . . .

„Wo sind die Standarten und Pauken des Re=
giments?" unterbrach er sich. „Himmel, sie sind
in meinem Quartier zurückgeblieben! Vorwärts,
tapfere Finnländer! Unsere Ehre ist unlösbar an
diese Zeugen so vieler Siege geknüpft, wir dürfen
unsere Feldzeichen nicht preisgeben. Lassoë, nur
noch eine Minute haltet aus! Schlagt die Thür
ein!"

Ein dichter Schwall hatte sich auf das Haus
des Bürgermeisters geworfen; die Thür erdröhnte
unter den furchtbaren Schlägen, womit die Nächsten
dieselbe zu sprengen versuchten.

„Vorwärts, Ihr Männer! Laßt nicht nach! Dort
auf die Fuhrwerke!"

Henning war an der Spitze eines Haufens in der
zum Mühlenthor führenden Straße aufgetaucht.
Einige zur Sperrung der letzteren von den Schweden
zusammengefahrene Packwagen wurden von ihm im
raschen Anlauf genommen.

„Fahrt die Karren fester in einander!" hörte man ihn rufen. „Rasch zugegriffen! Auch dieser Ausweg muß dem Feinde versperrt werden. Feuer, die Schützen dort, in den zusammengeballten Haufen!"

„Hä, da ist ja der gnädige Herr von Briest!" jubelten die pulvergeschwärzten Burschen.

Der alte Edelmann hatte sich auf den Schall der Stimme des brandenburgischen Offiziers in der That mitten durch das Getümmel nach hierher Bahn gebrochen.

„Juchhe, Herr, wie dat gut geiht!"

„So recht!" lachte der Alte. „Habe ich es Euch nicht immer gesagt? Wir werden die Rechnung mit diesen schwedischen Hallunken schon noch einmal abschließen. Gebt's ihnen, daß sie das Wiederkommen vergessen. Wo ist der Henning?—Oberstwachmeister, das Mühlenthor! Sind auch das Thor und die Ausfallpforte gesichert worden? Wir müssen diese Schweden mal Alle lebendig haben."

„Ihr hier, Herr von Briest?" hatte sich der Angerufene erschreckt dem alten Edelmanne zugewendet. „Um Gotteswillen! Zurück mit Euch von dieser Stelle und denkt an Eure Tochter. Ihr dürft Euch dieser Gefahr nicht aussetzen!"

„Himmel, was ist das?" —

Ein scharfer Luftzug hatte in den Pulverdampf,

der zwischen den hohen, den Marktplatz umgebenden
Häusern zu einem undurchdringlichen Schleier geballt
war, eine breite Lücke gerissen und bei der dämmern=
den Morgenfrühe war dem Offizier das Getümmel
vor dem Hause des Bürgermeisters jetzt erst sichtbar
geworden.

„Mir nach! Dorthin!

Mit hochgeschwungener Klinge sich Bahn brechend,
war er den ihm Nachschauenden in dem durcheinander
treibenden Gewühl bereits aus den Augen entschwun=
den, bevor diese noch seine Absicht verstanden.

Der Zufall hatte den Bürgermeister vorhin mitten
in den von dem schwedischen Obersten zusammenge=
rafften Haufen geführt. Er verstand den von Wange=
lin in schwedischer Sprache an die Seinen gerichteten
Zuruf zwar nicht, doch die unmittelbar sich anschlie=
ßende Handlung ließ ihn für seine Tochter und für
die Tochter seines Freundes das Schlimmste fürchten.
In Todesangst brach er sich durch den ihn umschlie=
ßenden Menschenknäuel nach rückwärts Bahn, um
wenn möglich, bevor das Unglück geschehen, durch die
nach einer kleinen Quergasse führenden Hinterpforte
noch in das Haus zu gelangen. Das Glück war ihm
doppelt günstig. Schon am Eingange der Gasse stieß
er auf den Jägersmann, welcher ihn und den Herrn
von Briest aus dem Gefängniß befreit hatte, und der

mit mehreren brandenburgischen Musketieren von dem
feindlichen Andrang bis hierher versprengt worden
war; aus der weit offen stehenden Pforte aber suchten
die Leute des schwedischen Obersten eben dessen Pferde
und Gepäck zu retten. Noch widerstand im Vorder-
hause die feste, mit starken eisernen Bändern und
Nägeln beschlagene Thür den wüthenden dawider gerichteten Anstrengungen der schwedischen Dragoner.

„Schießt in das Schloß!" vernahm man den Befehl des schwedischen Obersten. „Befestigt ein paar
Handgranaten an die Thürzargen. Unsere Standarten müssen gerettet werden! — Steht! Steht!"

Die schwedische Abtheilung, welche in der zum
Havelthor führenden Straße das Vordringen der
Brandenburger noch aufgehalten, begann unter dem
verdoppelten Andrang ihrer Gegner zu wanken. Hoch
zu Roß, in den vordersten Reihen derselben, versuchte
der tapfere Führer durch sein Beispiel den gesunkenen
Muth der Seinen neu anzufachen.

Ein Schuß sprühte aus den Fenstern des Bürger-
meisterhauses. Das Pferd des Obersten, in den Kopf
getroffen, bäumte hoch auf und brach mit seinem Reiter zusammen. In dem gleichen Moment befand sich
dieser jedoch auf seinen Füßen.

„Es ist nichts!" ertönte sein Zuruf. „Haltet
aus! Nur noch einmal rafft Euch zusammen! Und

8

Ihr da, macht ein Ende mit dieser nichtswürdigen
Thür!"

Schuß um Schuß zuckte aus den Fenstern; die
Außenstehenden beantworteten das Feuer.

„Das Haus ist besetzt!" erschallte es aus dem
scheu zurückprallenden Haufen.

„Der Feind hat das Mühlenthor genommen —
Alles ist verloren!" riefen Andere.

Erst mit der sich so unverhofft ihrem Beginnen
sich entgegenstemmenden Gegenwehr schien den meisten
dieser wilden Gesellen, die bis dahin durch das
Uebermaß der in der Nacht genossenen Getränke wie
von einer blinden Berserkerwuth befangen waren, eine
ungefähre Ahnung ihrer längst wahrhaft verzweifelten Lage aufzudämmern.

„Nun denn, Memmen, die Ihr seid, so will
ich Euch die Wege bahnen!"

Der Oberst hatte dem einen Mann die Lunte
aus der Hand gerissen und stürzte damit vor, die
bereits unter der Thür eingeschobene Handgranate
zu entzünden.

Ein Blitz, ein Knall — und der eine Thürflü-
gel klaffte von der Explosion theilweise zerschmettert
zur Hälfte nach innen.

„Vorwärts denn!"

Von dem Erfolg neu begeistert, drängten nun

die Nächsten herzu, um die entstandene Oeffnung zu erweitern und in das Haus einzudringen.

In demselben Moment spaltete der Haufe inbeß aus einander. Henning hatte sich Bahn in denselben gebrochen.

„Hierher, folgt mir!" — er wähnte die Seinen hinter sich. „Zurück, wem sein Leben lieb ist!"

Das Gedränge war zu groß, um die Klinge gebrauchen zu können. Von Henning's Degengefäß an die Stirn getroffen, taumelte der schwedische Anführer zur Seite.

„Ha, Du!" knirschte, seinen unvermutheten Gegner erkennend, der Wüthende zwischen den Zähnen. „Ah, Du lieferst Dich mir selber an's Messer. So stirb Hallunke!"

Der nach dem Haupte des Andern geführte Streich würde bei einer geringeren Nähe der beiden Gegner unzweifelhaft tödtlich gewesen sein, die Spitze der Klinge schlug jedoch gegen den steinernen Thorbogen und der Stahl zersplitterte bis zum Heft.

„Ergebt Euch, Oberst!" Henning hielt seinen Widersacher umschlungen. „Nieder mit den Waffen, Ihr Unsinnigen! Ihr seid abgeschnitten!"

„Es ist der Henning! Johanna, er ist's!"

Ein Mädchenkopf beugte sich weit aus einem der Fenster des ersten Stockwerks.

8*

„Ach, Du Allmächtiger, er ist umringt! er ist
verloren!"

Noch ein zweiter Kopf war neben dem ersten
sichtbar geworden. Aus den unteren Fenstern dröhnten neue Schüsse; aber auch eine ganze Salve der
eben vollends aus der Havelgasse zurückgeworfenen
Schweden krachte zu dem Hause empor.

Ein kurzes „Ah!" — und der Ausruf: „Himmel, Hedwig, Hedwig, Du bist getroffen! — Ach,
Du mein Gott! Hülfe! Rettung!" verhallte in dem
wüsten Getümmel.

„In Ewigkeit nicht!" hatte der Schwede gerufen, der sich aus den Armen des brandenburgischen
Offiziers losgerungen. „Werft Euch auf ihn! Nieder mit dem Schuft, der uns verrathen hat!"

Von zwei, drei Gegnern zugleich angegriffen,
mußte Henning um sein Leben kämpfen.

„Ha, endlich!"

Die Angreifer stäubten vor dem plötzlich auf sie
fallenden Anprall aus einander.

„Halt, Oberst von Wangelin, so oder so — ich
muß Euch in meiner Gesellschaft behalten!"

Der schwedische Anführer fühlte sich rücklings
von Neuem umschlungen.

„Greift mit zu, meine Kinder! Aber, bei Leibe!

thut ihm kein Leid; ich muß meinen Schweden lebendig haben.“

Der Schwede schäumte vor Wuth, doch nur
umsonst strengte er seine Kräfte auf's Aeußerste an, sich
von den ihn fesselnden Griffen der Bauern zu befreien.

„Gebt Ruhe, Oberst!“ lachte der alte Edel-
mann. „Fügt Euch in das Unvermeidliche. Gestern
Abend Ihr, heute ich — das ist der Lauf der Welt.
So oder so — ich hatte mir mal zugeschworen, daß
Ihr mir nicht entkommen solltet.“

„Halloh, es ist aus und zu Ende!“ kehrte er
sich zu seinen Begleitern. „Zur Seite, Ihr Leute.
Hie alt Brandenburg aller Wege!“

Die brandenburgische Reiterei war nach Wieder-
herstellung der theilweise von den Schweden zerstör-
ten Havelbrücke in die Stadt eingedrungen und vor
dem Ansprengen derselben brach der letzte Widerstand des Feindes.

„Hei, sieh da!“ begrüßte der Herr von Briest
einen nahenden Reitertrupp. „Soll mich dieser und
jener! der alte Derfflinger trotz seiner siebzig Jahre
wie immer unter den Vorbersten. „Na, Gott zum
Gruß, Feldmarschall, und Glück zur gewonnenen
Affaire! Da, hier überliefere ich Euch auch einen
Gefangenen. Gelt, der Fang darf sich schon sehen
lassen?“

„Himmel Schwerenoth!" grollte der Angeredete.
„Gott straf mich! Durchlaucht es ist der Wangelin.
Briest, das vergesse ich Euch mein Lebtag nicht.
Das war ein Bissen, den ich mir selber vorbehalten
hatte."

„Se. kurfürstliche Gnaden!" war ihm der alte
Edelmann begeistert in's Wort gefallen. „Glück
auf, hoher Herr! Der erste Schlag ist gelungen —
daß noch viele andere glückliche Schläge folgen
mögen! Heil Brandenburg! Heil Friedrich Wilhelm!"

Der von der Menge aufgenommene Jubelruf
donnerte in die Lüfte.

„Einen guten Theil des heutigen Erfolges," erwiederte der Fürst, „haben wir Soldaten wohl
Euch, Herr von Briest, und dem da" — er zeigte
auf Henning — „zu danken, und wir werden, was
uns heute entgangen, in der hoffentlich schon mor-
genden oder übermorgenden Schlacht nachholen
müssen. Doch apropos — da fällt mir ein, Herr
von Briest, wenn mein Oberstwachtmeister Henning
sich in dem bevorstehenden Treffen wie heute be-
währt, so werde ich nach demselben für meinen
Obersten Henning von Treffenfeld wohl bei Euch
um Eure Tochter den Freiwerber machen müssen."

„Hähä!" lachte der Alte, ich hab's schon lange
gemerkt, und hätt' ihn auch so mit Freuden zum

Schwiegersohn angenommen. Aber, halt, ja Kur=
fürstliche Gnaden, weiß Gott, es klingt so besser.“

Der Kurfürst war schon weit entfernt, bevor
der überglückliche Offizier noch von seinem freudigen
Erstaunen zurückgekommen. — — — — — —

— — — — — — — — — — —

„Laß mich, Johanna!“ flüsterte oben an dem
Fenster, in demselben Lehnstuhl, von dem sie in der
Dämmerung des vergangenen Tages auf den Markt=
platz niedergesehen, die Sterbende. „Ich war wohl
ein thöricht Kind — Aber ich konnte ja nicht anders
— Er hat es mir angethan — und — er nannte
meinen Vater seinen Vetter — da glaubte ich ein nä=
heres Anrecht auf ihn zu besitzen.“

Ein blutiger Schaum färbte ihre Lippen, ihre
Züge verwandelten sich, der Engel des Todes um=
schwebte mit seinem Fittig näher und näher ihr
Haupt. Nur die Augen leuchteten in einer milden
Klarheit. Wieder nebelte außen die erste Morgen=
frühe und ein dichter Sprühregen stäubte aus dem
dunklen Wolkenschleier, der den Himmel überspannte.

„Binnen nur vier und zwanzig Stunden,“ mur=
melte das arme Kind. „Ach, gestern hoffte ich noch,
und heute greift der Tod mit seiner kalten, starren
Hand nach meinem Herzen. Schon sterben — schon!“

„Weint nicht!“ wandte sie sich jetzt an den Va=

ter, der in stummen Schmerz ihre Hand gefaßt hielt,
und an die in Thränen aufgelöste Jugendfreundin.
„Es ist vielleicht besser so. Johanna, ich habe Dir
Unrecht gethan. Du bist so gut und lieb und ich —
ich danke Gott, daß er mich gnädig vor dem Aergsten
bewahrt hat!"

„Ja, es ist besser so," fuhr sie nach einer Weile
fort. „Es wird eine Zeit kommen, eine eiserne Zeit,
die ich nicht verstehe und die keinen Raum für mich
bietet — Meine Liebe nur war meine Welt. Ich
konnte ja — nur lieben — und meine Liebe ist —
nicht verstanden worden."

Das Nahen des Todes erstickte ihre Stimme.

Ein Bote, von seinem eiligen Wege über und über
mit Schlamm und Schmutz bespritzt, hatte außen auf
dem Marktplatz dem von seinen Truppenführern um=
gebenen Kurfürsten eine Meldung eingehändigt.

„Ihr Herren," kehrte sich derselbe nach dem Ueber=
fliegen des Schreibens mit einer bei ihm seltenen
freudigen Erregung zu seiner Umgebung. „Gott ist
mit uns! Den bangen letzten vier und zwanzig Stun=
den werden herrliche Siegestage folgen. Der Land=
jägermeister von Hertefeld hat mit dem von ihm auf=
gebotenen Landvolk die Brücke von Fehrbellin bis zu
den Grundpfeilern niedergebrannt und die in Havel=
berg und Nauen stehenden schwedischen Abtheilungen

befinden sich damit abgeschnitten. Feldmarschall
von Derfflinger! unmittelbar nach der nothwendigsten
Ruhe für Mann und Pferd bricht unsere Macht auf,
dem Feinde zuvor zu kommen. Der Prinz von Hes=
sen-Homburg und unter ihm der Oberstwachtmeister
Henning werden die Vorhut führen. Bei Fehrbellin
muß die Entscheidung erfolgen."

„Das ist der Tod!" Die Sterbende hatte sich
krampfhaft zum Herzen gegriffen. „Lebt wohl —
Gott segne Euch!"

Ihre Glieder streckten sich aus, ein letzter Seufzer
— sie hatte geendet. —

„Nach Fehrbellin!" donnerte draußen der Jubel=
ruf von den hohen Häusern wieder.

Die Trompeten schmetterten, die Pauken wir=
belten darein und ein erster durch die trüben Regen=
wolken brechender Sonnenschein lächelte Glück und
Sieg nieder auf die begeisterten Schaaren. --

Ueber den Delaware.

Erstes Capitel.

————

„Aber das ist ja ein förmliches Complott! Ich
glaubte nachgerade den Kerlen das Complottiren und
Revoltiren doch abgewöhnt zu haben. Daß Dich . . .
Nicht einmal am ersten Weihnachtsfeiertage vermag
man sein Glas Wein in Ruhe zu trinken."

Der alte Oberst Rall hatte mißmuthig seinen
Sessel von der Offiziertafel in dem Eßzimmer des
einzigen Gasthauses der kleinen Stadt Trenton am
Delaware zurückgeschoben und starrte nachdenklich
bald auf den Berichterstatter vor ihm, bald hinauf
zu der von Rauch geschwärzten Balkendecke des, den
rohen Bau der amerikanischen Holzhäuser noch un-
verändert zur Schau tragenden großen, wüsten Gemachs. Die eben noch so lebhafte Unterhaltung der
übrigen Herren war auf seinen Ausruf plötzlich ver-
stummt. Gespannt richteten sich alle Blicke auf den

Alten. Nur an dem von den jüngeren Offizieren eingenommenen untern Ende der Tafel rollten, von einem der eifrigen Spieler geworfen, die Würfel noch zu einem letzten Pasch.

„Und es kann wahr sein," murmelte der Oberst, „ich habe selber schon so etwas gemerkt. Es ist das doch eine wahre Höllenaufgabe, dieses Gesindel zu= sammenzuhalten. Weiß Gott! Ich habe am Ende beinahe den ganzen siebenjährigen Krieg von anno 57 bis 63 bei den preußischen Freicorps mit durch= gemacht und es war das eine wahre Schwefelbande, aber es lag doch ein ganz anderer Schick in der Sache. Freilich, jene dort waren uns meist frei= willig zugelaufen und diese Hessen hier sind von ihrem Landgrafen beinahe bis zum letzten Mann in den in seinem Lande aufgestellten Mausefallen auf= gegriffen und mit Gewalt in die Uniform gesteckt worden. Na, was hilft's, es ist eben kein Plaisir bei dem ganzen Kriege."

Er strich sich mit der Hand das breite Doppel= kinn. „Hm! Herr Oberstlieutenant von Denow," richtete er die Frage an seinen Nachbar zur Rech= ten, „was meinen Sie denn zu der vertrakten Ge= schichte?"

Der Gefragte, eine volle, kräftige Gestalt, mit einem überlegenden Zug in seinem Gesicht und leb=

haft blickenden kleinen grauen Augen, führte be=
dächtig sein Glas zum Auge und beschaute nach=
denklich den rubinfarbenen Inhalt desselben. „Dum=
mes Zeug!" warf er endlich hin, „daß die Kerle
davonlaufen möchten, glaube ich wohl, indeß blicken
der Herr Oberst doch nur durch das Fenster, wie
Schnee und Regen da durcheinander treiben. Bei
dem Thauwetter seit gestern Abend muß die ohne=
hin noch nicht feste Eisdecke des Flusses längst ins
Treiben gekommen sein. Da hinüber zu den Ameri=
kanern können also die Burschen nicht mehr und
wohin sollten sie sonst? Uebrigens befinden sich ja
auch, nach den letzten völlig zuverlässigen Nachrichten,
die paar Tausend Mann, mit denen der Washington
noch das jenseitige Ufer des Delaware besetzt hält,
in vollster Auflösung. — Die Geschichte ist einfach
aus und zu Ende und das wissen unsere Schelme
ganz gut. In höchstens 5, 6 Monaten werden wir
ohnehin auf der Heimfahrt begriffen sein, um drü=
ben wieder reducirt zu werden. Schade eigentlich
darum, es lebt sich ganz erträglich bei diesen Eng=
ländern. Wer weiß, was der Kröcher da bei dem
Glase wieder für verrücktes Zeug gehört haben mag.
Seit 4 bis 6 Wochen schon hat er sich ordentlich
darauf versessen, irgend so etwas wie eine Ver=
schwörung auszuhecken. Es ist ja das mindestens

die sechste oder achte derartige Meldung, welche er
eingegeben hat. Sehen der Herr Oberst den Mann
doch nur an, wie ihm die Augen wieder schwimmen."

Die Wahrnehmung des Oberstlieutenants in
Betreff des vor dem Obersten in streng militairischer
Haltung aufgerichteten Berichterstatters war jedenfalls nicht unbegründet. Die Augen des sechs Fuß
langen, alten Burschen in seiner knappen, blauen
Uniform mit der gepuderten und über dem Rücken
in den langen Zopf auslaufenden Frisur, den falten-
losen, weißen Kniehosen und schwarzen Gamaschen
stierten wie verglast aus dem aufgedunsenen rothen
Gesicht. Auch verkündeten die verschwommenen Züge
des Letzteren und der Karfunkelglanz der Nase zu
deutlich die vorherrschende Leidenschaft des Mannes,
um den Schluß auf seinen gegenwärtigen Zustand
so nahe als immer möglich zu legen. Der Fusel-
geruch, welchen er um sich verbreitete und die
schwere Zunge, womit er seine Vertheidigung zu
führen versuchte, ließen an der Begründung des
gegen ihn ausgesprochenen Verdachts endlich keinen
Zweifel übrig.

„Halten zu Gnaden, Herr Oberstlieutenant,"
hatte er eingeworfen, „Gott sträf mich! Aber außer
einem Gläschen heute früh, habe ich seit diesem
Morgen noch keinen Tropfen über meine Lippen

gebracht. Und was meine Meldung angeht, so ist sie ganz sicher und zuverlässig. O, man hat am Ende doch auch seine Studien gemacht und ich beobachte die Burschen schon lange. In der von meiner Frau gehaltenen Schenke ist mir dazu die beste Gelegenheit gegeben und vorhin noch erst, als sie mich in der Ofenecke für eingeschlafen wähnten, habe ich es selbst gehört. Der Morsbach . . .“

Wie Sonnenglanz war es vorhin unter der Ausführung des Oberstlieutenants in dem Gesicht des Obersten aufgegangen. Er schaute nach dessen Rath durch das Fenster und bei dem entsetzlichen Schlackwetter draußen schien er sich in dem warmen Zimmer und vor der dampfenden Bowle an der fröhlichen Tafel doppelt behaglich zu fühlen. In wiedererlangter Gemüthsruhe lehnte er sich zurück in seinen Sessel und schlürfte in kleinen Zügen den duftigen Nektar aus dem vom Tische aufgegriffenen Glase.

„Eh! Der Herr Oberstlieutenant haben vollkommen Recht,“ äußerte er dabei mit einem freudigen Anklang in seiner Stimme, „bei diesem Hundewetter ist nicht das Mindeste zu besorgen. Und außerdem die Burschen werden sich hüten, zu den Hungleidern, den Amerikanern, überzulaufen. Es ist aus, ganz aus mit denen, das ist gewiß. Heute Morgen

brachte der Adjutant des Generals Howe da noch
erst die Nachricht, daß sich bei Brunswick der Oberst
Lee mit seiner ganzen Abtheilung freiwillig gefangen
gegeben habe."

„Raisonnir Er nicht!" hatte er unwillig den
alten Soldaten unterbrochen. „Und übrigens ist es
ein Skandal mit Ihm. Wenn Er das verdammte
Saufen nicht läßt, so sage ich Ihm, Kröcher, ist Er
zum Längsten Sergeant gewesen. Eine solche dumme
Meldung zu machen, wo der Augenschein schon das
Irrige derselben klar zu erkennen giebt. Geh Er
jetzt und nehme Er sich fortan zusammen, oder …"

„Der Vorsicht wegen sollten der Herr Oberst
den Morsbach doch lieber in Verhaft nehmen lassen.
Der Mensch übt unbezweifelt auf seine Kameraden
einen gewissen Einfluß aus. Er war, glaube ich,
ehedem Student und ist, irre ich mich nicht, bei
einer Reise durch das Fuldaische von unsern Werbern
gewaltsam aufgegriffen und in das Depot abgeliefert
worden."

Der junge Offizier, welcher seinen Commandeur
so leichthin unterbrochen und diesen Rath ertheilt
hatte, blätterte, neben dem Stuhle desselben stehend,
völlig gleichmüthig und ungezwungen in seinem zur
Hand genommenen Notizbuche. Es lag etwas unbedingt Aristokratisches in dem Antlitz wie in allen

Bewegungen des hoch und schlank gewachsenen jungen
Mannes. Seine Züge erschienen freilich für die
drei= oder vierundzwanzig Jahre, welche er höchstens
zählen mochte, schon etwas verlebt, indeß das hohe
Maß von Bestimmtheit und Kühnheit, welches sich
andererseits darin ausdrückte, ließ jene erste Wahr=
nehmung höchstens nur in den mehr unbewachten
Momenten hervortreten. Die reiche, in Silber ge=
stickte Uniform und die prallen, gelben Lederhosen
mit den steifen Stulpenstiefeln kleideten ihm aufs
Vortheilhafteste. Durch den Puder in dem bis auf
die vorschriftsmäßigen beiden Locken über den Schlä=
fen nach hinten zurückgenommenen dichten, vollen Haar,
wurden die hohe weiße Stirn und das Feuer der
tiefdunklen Augen noch mehr hervorgehoben. Die
vollendete Sicherheit in dem ganzen Wesen und
Gehaben des jungen Cavaliers ließ die Vorschule
eines üppigen und intriguenreichen fürstlichen Hofhalts
ganz unmöglich verkennen.

„In der That," nahm er nach einem Augenblick
das Wort wieder auf, „es verhält sich genau so,
wie ich sagte. Hier steht's: Johann Gustav Friedrich
Morsbach, aus Kelbra im Thüringschen, Jenenser
Student, auf der Reise nach Göttingen begriffen,
in Schloß Netra auf dem Wege dahin aufgehoben

9*

und an das Depot des Grenadier-Bataillons Rall nach Hersfeld abgeliefert."

„Aber ich habe den Menschen ja schon zum Vice-Corporal und Bataillonsschreiber befördert," war ihm der Oberst ins Wort gefallen, „was kann er denn noch weiter verlangen?"

„Ja," lachte der Oberstlieutenant, „und daß der Morsbach ihn aus diesem einträglichen Posten verdrängt hat, das ist es gerade, was den da," er warf einen scharfen Seitenblick auf den Sergeanten, „nicht ruhen und nicht rasten läßt. Das, und daß seine Weibsleute, seine Frau und seine Tochter Partei für den jungen Milchbart genommen haben. He, ist's nicht so? — Bah! Dummes Zeug."

„Halten zu Gnaden, Herr Oberstlieutenant," murrte der so Angegriffene, „das ist gewiß, daß mir die Uebertragung der Stelle als Bataillons-schreiber an den Morsbach nicht gleichgültig sein kann. Man hat doch auch seine Studien gemacht, und wenn's nur darauf ankommt, Student gewesen zu sein, nun, man hat seiner Zeit wohl auch seine Collegien absolvirt und hat sein Latein noch nicht vergessen. Seit anno Sechszig, gleich nach der Schlacht bei Minden habe ich die Stelle bekleidet und ist nie eine Klage über mich erhoben worden. Mindestens „non audivi querelam . . ." sein Gedächtniß schien in Betreff der beanspruchten Kenntnisse der lateinischen Sprache doch nicht ganz sicher zu sein, er vermochte sich augenscheinlich auf den Schluß des angefangenen Satzes nicht gleich zu besinnen und sprang schnell zu etwas Anderem über. „Aber," fuhr er im erhöhten Tone fort, „den Dienst vor Allem, und meinen Weibsbildern soll das Donnerwetter auf die Köpfe fahren. Wie die mit dem jungen Schlecker auch stehen mögen, was ich über denselben berichtet habe, verhält sich genau so. Der Herr Lieutenant und Regiments-Adjutant von Mauderode werden es mir bezeugen, daß ich ihn schon früher aufmerksam gemacht habe und derselbe haben sich durch den Augenschein selbst unterrichtet."

Die umstehenden Offiziere lachten.

„Gut abgefertigt, Denow!" nickte ein alter Major von der andern Seite der Tafel dem Oberstlieutenant zu.

„Ja, Kröcher, wenn Er das verdammte Saufen nur hätte lassen mögen," brummte der Oberst, „übrigens aber hat Er sich doch nicht zu beklagen, bei Versetzung aus seiner früheren Stelle habe ich ihn ja vom Corporal zum Sergeanten befördert."

„Hm!" hatte der Oberstlieutenant mit einem komischen Seitenblick auf den Sergeanten unter der vorigen übereifrigen Vertheidigung desselben einge-

worfen, „feine Collegien abfolvirt? — Und höre
Er, Kröcher, in Betreff Seiner Frau, der Chriftel,
verfpreche Er nicht zu viel, Er weiß ja zum Beften,
daß Er mit der ftets den Kürzeren gezogen hat."

Der letzte Spott mußte in den häuslichen Be=
ziehungen des Sergeanten wohl eine befonders wunde
Stelle getroffen haben. Eine dunkle Röthe ftieg
demfelben bis in die Schläfe.

„Gott ftraf mich!" fuhr er auf, „wenn ich dem
Weibe nicht heute noch den Kopf zurechtfetze."

Ein donnerndes Gelächter begrüßte diefe Ver=
ficherung.

„Kröcher, nehmt Euch in Acht!" lachten die
Einen; „fo recht, gebt's ihr tüchtig!" jubelten die
Anderen."

Die anfänglich fo ernft aufgenommene Mittheil=
lung fchien fchließlich in einen heitern Scherz aus=
laufen zu wollen. Die meiften der Herren hatten
auch bereits ihre vorige Unterhaltung wieder auf=
genommen. Die Gläfer klangen zufammen, die
Würfel rollten.

Nur das Geficht des jungen Offiziers zur Seite
des Oberften glühte vor Unwillen. Mit einer Regung
der Ungeduld klappte er das Notizbuch zufammen und
fchickte fich, ohne eine Wort zu verlieren, ebenfalls
an, feinen Sitz an der Tafel wieder einzunehmen.

Der Oberſt war dadurch aufmerkſam auf ihn geworden und ein Schatten von Beſorgniß flog über ſeine breiten Züge. Er rief ihn zurück, und auf einen bedeutſamen Blick des jungen Mannes traten dieſelben zu einem halblaut geführten Zwiegeſpräch in eine Fenſterniſche. Auch der Oberſtlieutenant und die anderen an der Tafel anweſenden Stabsoffiziere erhoben ſich auf einen Wink des Oberſten von ihren Sitzen, um an der Berathung Theil zu nehmen. Hinter dem Rücken der Herren hatten einige der jüngeren Offiziere dem Sergeanten ein Glas Grog zu fünf Theilen Rum und einem Theil Waſſer ge- miſcht, das dieſer wohlgefällig ſchmunzelnd und ohne nur mit den Wimpern zu zucken, hinunterſtürzte. Noch mehrere weitere Libationen folgten, wobei die Herren Fähndriche und Junker nicht unterließen, den Zorn des Alten gegen ſeine rebelliſche Ehehälfte immer erneut anzuſchüren.

„Ja, wenn das ſo iſt,“ äußerte der Oberſt nach einem längeren Vortrage des jungen Offiziers mit bedenklichem Kopfſchütteln, „ſo dürfte die Verhaf- tung des Morsbach allerdings nicht zu verſchieben ſein. Was meinen denn die Herren?“

„Hm!“ entſchied ſich der Oberſtlieutenant nach einem längeren ernſten Nachdenken, daß die Leute unzufrieden ſind, und je eher je lieber die erſte

Gelegenheit zum Auf= und Davongehen ergreifen
mögen, wußten wir ja längst. Es wäre bei der
Art, wie wir dieselben geworben haben und bei der
Fuchtel und dem Stock, welche doch das einzige
Band zwischen ihnen und ihrer Fahne bilden, für=
wahr auch wunderbar, wenn dies anders sein sollte.
Mehr als diese Unzufriedenheit und ein derartiges
Vorhaben liegen aber in dem Gespräch, welches der
Lieutenant von Mauderode durch die Vermittlung
des Kröcher belauscht hat, doch eigentlich gar nicht
enthalten. Daß dieser ehemalige Candidaus der
Theologie, der Morsbach, dabei mit unter den
Ersten sein würde, glaube ich auch, allein wer sagt
uns, daß wir in ihm gerade den Rädelsführer
herausgreifen, und wenn nicht, so können wir
schließlich vielleicht gar mit seiner Verhaftnahme die
noch entfernte Gefahr wirklich heraufbeschwören.
Wozu, Ihr Herren, den Teufel an die Wand ma=
len? Vorläufig sind wir unbedingt noch sicher. Ich
bin und bleibe für ein ruhiges Abwarten."

Der Oberst schien unschlüssig, auch die übrigen
Stabsoffiziere schüttelten die Köpfe und äußerten sich
dahin, die Verhältnisse sich erst noch mehr entwickeln
zu lassen.

„Wenn's mit dem Reden allein gethan wäre,"
fügte der alte Major noch hinzu, so hätten wir,

hol's dieser oder jener! keinen Mann aus Hessen
hier mit herüber gebracht. Herr, Du mein Gott,
was haben die Kerle nicht damals bei dem Marsche
nach Emden und bei der Ei schiffung auf Sere-
nissimus, unserm allergnädigsten Herrn Landgrafen,
geflucht und geschimpft, und wie haben sie sich ver-
schworen, bei erster Gelegenheit allesammt zum
Feinde überzulaufen. Man hätte meinen sollen,
daß wir keine Katze von ihnen ins Feuer bringen
würden. Bah! Und es ist doch gegangen, und der
Wahrheit die Ehre, ganz gut gegangen. Wie die
leibhaftigen Teufel haben sie sich geschlagen. Die
Amerikaner wissen wohl davon zu erzählen. Mit
ein Fünfundzwanzig aus dem Pfeffer und gelegentlich einem warnenden Exempel bringt man schließlich auch die widerhaarigsten Burschen zu Allem."

„Aber, meine Herren," versuchte der Adjutant
das verlorene Terrain wiederzugewinnen, und seine
Augen blitzten vor Aerger und Ungeduld, „es ist
ja nur ein solches Exempel, um das es sich handelt und nie ist ein solches nöthiger gewesen. Nach
der Mittheilung des Gesprächs, von dem ich Ihnen
berichtet habe, bleibt ja sicher doch an dem ernsten
Willen der Leute nicht zu zweifeln, endlich mit Gewalt den Zwang zu brechen, welcher sie zusammen-
hält und ebenso erscheint es mindestens im höchsten

Grade wahrscheinlich, daß der Bursche, der Mors=
bach, den Mittelpunkt dieses Complotts bildet.
Greifen wir den einfach heraus aus dem Haufen.
Gesteht er, dann an den Galgen mit ihm, und der
Schrecken über diese schnelle Justiz wird die Ueb=
rigen einschüchtern, gesteht er nicht, nun, so wird
er als des Complottirens verdächtig, in das Haupt=
quartier abgeliefert und die Ungewißheit seines
Schicksals wird bei seinen Cameraden ziemlich die=
selbe Wirkung erzeugen. Im Uebrigen spricht ja
aber Alles nur für mich und ein sofortiges ent=
scheidendes Vorgehen. Jetzt können die Kerle un=
möglich fort, wollen die Herren aber etwa warten,
bis vielleicht ein neuer scharfer Frost die Brücke
über den Fluß geschlagen hat und dabei gegen seine
Hoheit, den Landgrafen, die Verantwortlichkeit auf
sich nehmen, daß dann auf den ersten unbedingt
nothwendig werdenden Schritt die beiden hier stehen=
den Regimenter und das Grenadier-Bataillon viel=
leicht bei hellem Tage wie ein Mann zum Feinde
überlaufen?"

Der letzte Hinweis auf die sie möglicherweise
treffende Verantwortlichkeit entschied bei seinen
sämmtlichen Zuhörern. Nur der Oberstlieutenant
brummte mit einem meilenlangen Fluch und einem
bösen Blick auf den Lieutenant noch etwas zwischen

den Zähnen, was ungefähr darauf hinauslief, daß
er jedenfalls die Verantwortlichkeit für den jetzigen
Entschluß nicht auf sich nehmen wolle. Ein anderes
Wort, vielleicht ein directer Angriff gegen jenen,
schien ihm schon auf die Lippen getreten, doch ver=
schluckte er es wieder.

„Nun gut," entschied sich der Oberst, „indeß
wer wird die Verhaftung ausführen?"

„Die Verhaftung wie das Verhör übernehme
ich," kam seiner Entscheidung der Lieutenant auf
halbem Wege entgegen. „O, ich will den Burschen
schon zum Geständniß bringen." Der Blitz, welcher
aus seinen schwarzen Augen zuckte, und die Eile,
mit der er aufbrach, den übernommenen Auftrag
auszuführen, legte den Verdacht nahe, daß er bei
Erfüllung des Letzteren zugleich ein persönliches In=
teresse befolge.

„Aber vorsichtig, lieber Mauberode!" hatte der
Oberst ihm noch nachgerufen. „Verdammte Ge=
schichte!" kehrte er sich zu den übrigen Herren,
„nicht sein Glas Wein kann man in Ruhe trinken."

Der Oberstlieutenant schaute finster wie die Mit=
ternacht.

„Es ist am Ende nur wegen der Verantwort=
lichkeit," äußerte der Oberst mit einem verlegenen
Seitenblick auf denselben. „Und dann, Sie wissen

ja, meine Herren, der Mauderode steht in unmit-
telbarem Verkehr mit dem Hofe, sein Vater ist Se-
renissimi's rechte Hand. Auch besitzt er an der Lady
Milford eine gnädige Protectorin."

„Hm!" unterbrach ihn jener, „ich wußte bisher nicht anders, als daß ihn der Landgraf hier-
hergeschickt hätte, weil der superkluge und unter-
nehmende junge Herr ihm bei der Lady, der Satan
behalte den Namen von all den — es hatte ein
anderes, näher bezeichnendes Wort folgen sollen,
doch der alte Kriegsmann verbesserte sich — schönen Damen, oder bei sonst welcher reizenden Freundin ins Gehege gekommen wäre; indeß, ja, sein
Vater ist Minister. — Und der Teufel soll mich
holen!" platzte er plötzlich in das verlegene Schweigen der Anderen hinein, „wenn nicht wieder so
etwas wie ein Unterrock dazwischen steckt. Ich habe
schon lange so etwas bemerkt. Der Herr Lieutenant haben allergnädigst die Else, die Tochter des
alten Kröcher, zu bemerken geruht. Ist ein Blitz-
mädel! Hat Backen, so roth und frisch, wie ein
Borsdorfer Apfel. Die steht ihm zu Sinn. Pah!
Hier, wo's an seidenen Roben fehlt, muß auch mal
eine Linnenschürze vorhalten. Aber das Mädchen
ist ebenso brav, als ihr Vater ein nichtsnutziger
Schuft und Hallunke ist, und sie hat's mit dem

Morsbach, darum soll und muß der an's Messer.
Daß Dich . . ." die hervorgesprudelte endlose Ver-
wünschung würde bei ihrer Erfüllung den Lieutenant
sofort an ein stilles Plätzchen tausend Klafter unter
der Erdrinde versetzt haben. „Na, ich wasche meine
Hände in Unschuld, Ihr Herren. Jedoch, das ist
gewiß, es ist nicht richtig mit den Leuten. Gott gebe,
daß wir die in so heilloser Weise eingebrockte Suppe
nicht schließlich noch selber auslöffeln und über das
zufällige Gelüst des jungen Herrn am Ende gar noch
Ehre und Reputation mit dransetzen müssen.

Zweites Capitel.

―――――

„Und darum sage ich Dir: Stillgestanden in den Gliedern, oder ein Höllen=Pestilenz=Donnerwetter soll Dich zu Brei zermalmen. Mulier taccat in ecclesiam. Die Herren Offiziere haben es auch schon mißfällig bemerkt, wie viel ich Dir ungestraft habe hingehen lassen. Aber das soll anders werden. „Laß Deinem Weibe nicht Gewalt über Dich," das steht schon in der Bibel. Und „das Weib soll un= terthan sein ihrem Manne." Ja, so steht es da. O, man hat am Ende seiner Zeit auch seine Stu= dien gemacht und hat sein Latein und seine Bibel= verse noch nicht vergessen. Man ist auch noch Can= didatus der Theologie gewesen, deswegen wird man sich aber von einem so dummen Weibsbilde, wie Du bist, auch ferner nicht mehr über's Maul fah= ren lassen. Himmel, Schwerenoth! Ich will Dir und der Welt schon noch beweisen, daß ich Herr in meinem Hause bin. — Else, gieß mir mal einen Bittern ein, da von dem links in der Flasche."

Alle diese wüthenden Ausfälle schienen auf die Frau, welche auf einem Schemel neben dem improvisirten kleinen Schenktisch in dem eher einem rohen Bretterschuppen, als einem wohnlichen Zimmer gleichenden Gemach ihre Gläser spülte, nicht den geringsten Eindruck hervorzurufen.

„Daß Du Dich nicht unterstehst!" begnügte sie sich zu einem ängstlich in die Ecke gedrückten Mädchen zu sagen. „Mache, daß Du in die Küche kommst," fügte sie nach einem Augenblick in gleich ruhigem Tone hinzu, „und setze Wasser auf, daß die Leute, wenn sie vom Appell kommen, was Warmes finden."

„Nicht von der Stelle!" hatte der Sergeant, durch diese offene Geringschätzung seiner Autorität noch mehr gereizt, dazwischen gerufen. „Else, Du gehorchst mir, oder . . ."

Der Versuch, sich zur Unterstützung seiner Drohung zu erheben, wollte nicht recht glücken. Die Füße versagten dem Trunkenen den Dienst und er mußte sich an den in rohester Weise aus unbehobelten Brettern und an dem Fußboden befestigten Pfosten zusammengefügten Tisch stützen, um müh-

sam das verlorene Gleichgewicht wiederzugewinnen.
Auf einen erneuten Wink der Mutter war das
Mädchen bis dahin schon aus dem Zimmer ge-
schlüpft.

„Else, hierher!" tobte der alte Kriegsknecht, die
Augen drohten ihm fast aus den Höhlen zu treten.
Plötzlich besann er sich jedoch eines Bessern. Seine
Frau war, sich nach Beendigung ihrer Arbeit ihre
Hände an der Schürze abtrocknend, von einem unerwarteten Anblick draußen angezogen, erstaunt und
bestürzt an das Fenster getreten. Mit einem listigen
Blick auf dieselbe tappte er sich an den Tischen und
Bänken selber bis zum Schranke und bemächtigte
sich der bewußten Flasche. Er zog es indeß bei der
augenscheinlichen Unmöglichkeit, mit seinen nicht
mehr sicheren Händen aus deren Inhalt eines der
spitzen Kelchgläser zu füllen, lieber vor, seinen Durst
gleich aus der Quelle zu löschen, und indem er sich
einen der hölzernen Schemel herbeizog, das weit-
bauchige Gefäß in sichere Obhut zu nehmen.

Die Aufmerksamkeit der Frau zeigte sich so vollkommen von dem Vorgange auf der Straße in
Anspruch genommen, daß weder die schweren und
oft von einem unwillkürlichen Stolpern unterbroche-
nen Schritte ihres Gatten, noch selbst das Klirren
des Glases bei dessen vergeblichen Versuch, sich die-

ſes aus der Flaſche zu füllen, ſie aus ihrem er=
ſchreckten Erſtaunen zurückzurufen vermochte.

„Je, aber, was iſt denn das?" murmelte ſie,
„der Morsbach wird von vier Mann und mit auf
dem Rücken gebundenen Händen nach der Haupt=
wache transportirt. Herr Du meine Güte, was
mag denn das zu bedeuten haben? — Und nun —
Iſt denn ein Ueberfall zu gewärtigen? Die Wache
wird ja gar verſtärkt. Zwei Unteroffiziere mit auf=
genommenem Sponton und der Adjutant des Ober=
ſten, der Mauderode, mit gezogenem Degen vorauf.
— Elſe! Elſe! Himmel! ſollte etwa? — Aber es
ſind ja doch Alles nur leere Redensarten ge=
weſen."

„So, ſehe mal Einer, leere Redensarten," höhnte
der Alte, „nun, ſie werden dem ſauberen Patron,
dem Herrn Excandidaten und nunmehrigen Vice=
Corporal und Bataillonsſchreiber die Künſte ſchon
noch abfragen. Ja, quosque tandem, ihm und
den anderen Allen. Hahaha! Der Herr dürfte
wohl zum längſten Bataillonsſchreiber geweſen ſein.
Und daß Sie's nur weiß, Sie dummes Geſchöpf,
auch Ihr würden ſie die Daumſchrauben ſchon noch
anſetzen, hier in Ihrer Schenke ein Complott be=
herbergt zu haben, wofern ihr Mann nicht recht=
zeitig ein Einſehen gehabt hätte . . ."

10

„Herr, Du mein Gott!" war ihm die Frau mit dem Ausdruck des höchsten Schreckens in's Wort gefallen. „Mann, Du wirst doch nicht? — Du . . ."

„Du wirst doch nicht!" spottete der Sergeant nach einem abermaligen tiefen Zuge aus der Flasche ihr nach, „He! warum werde ich denn nicht. Hängen soll mir die Canaille, die mich aus meiner Stelle verdrängt und mir die Gunst meiner Vorgesetzten entzogen hat. Sonst hieß es: lieber Kröcher hier und lieber Kröcher dort, und jetzt — Himmel Schwere-noth! So'n Grashüpfer! so'n . . ." er wußte nicht gleich ein Wort zu finden, welches vollkommen seinen Haß und seine Verachtung ausgedrückt hätte. — „Ja, hängen soll er, und wenn's auch nur wäre, um Euch für das Schönthun mit dem hergelaufenen Lump einen Possen zu spielen. Und er wird hängen, sage ich Euch. Unser Adjutant, der Herr von Mauberode, hat auch einen Zahn auf den Burschen, und was der will, das setzt er durch bei dem Obersten. Ho! warum sollte ich denn dem jungen Herrn darin nicht gefällig sein? Sein Vater ist Minister drüben und ich bin der Scheererei hier beim Bataillon schon lange über-drüssig. Wenn der für mich ein Fürwort einlegt, kann mir eine fette Stelle am Hofe schon gar nicht entgehen. Das soll ein Leben geben."

Das auf den Ruf ihrer Mutter wieder in's Zim=
mer gestürzte junge Mädchen hatte die Hände vor
das Gesicht geschlagen und schluchzte laut. Dieselbe
entsprach der günstigen Schilderung, welche zuvor
der Oberstlieutenant von ihr gegeben, durchaus.
Es war ein reizendes Kind von 18 bis 20 Jahren,
blond und frisch wie eine Alpenrose, mit blauen
Augen und blendend weißen Zähnen, vielleicht ein
wenig zu voll und stark, ohne daß jedoch bei ihrer
noch so großen Jugend diese Fülle schon irgendwie
auffällig in die Erscheinung getreten wäre. Die
Hände des Mädchens waren dazu für die schwere
Arbeit, welche sie ihrer Stellung nach jedenfalls
verrichten mußte, auffällig gut geformt und um das
kleine, unter dem nur bis zum Knöchel reichenden
Rock von grobem Wollenzeug sichtbare Füßchen hätte
sie manche vornehme Dame beneiden mögen. Ihre
Kleidung konnte nicht einfacher sein. Unschuld und
ein schlichter Sinn leuchteten ihr aus den Augen
und standen in unverkennbaren Zügen in ihrem
reinen Antlitz geschrieben.

„Flenne nicht, Else," kehrte sich die Mutter zu
der Tochter, „um das, was Der da —" sie ver=
besserte sich — „was Dein Vater sagt, wird noch
lange nichts geschehen. Und schlimmsten Falls sind
wir auch noch da, um wider seine Aussage Zeugniß
10*

abzulegen. Gleich gehe ich zu dem Herrn Obersten.
O, der kennt mich und weiß, daß ich nichts Unge=
höriges in meinem Hause dulden würde. Und der
Herr Oberstlieutenant kennt mich auch. Und wenn
des Mauderode's Vater zehnmal Minister ist, Recht
muß doch Recht bleiben, sage ich Dir. Ich weiß
auch wohl, warum der dem Morsbach gerne was
an's Zeug flicken möchte. O, der soll mir nur
kommen. Ich habe dem eitlen Affen schon einmal
den Kopf gewaschen, daß er genug daran hatte, aber
jetzt sollte er es erst von mir hören, wie er es sicher
sein Lebtag noch nicht gehört hat. Und Du, Mann,
Du weißt es auch, ja nur zu gut weißt Du's.
Pfui! einem solchem vornehmen Taugenichts bei dem
eigenen Kinde Gelegenheitsdienste leisten zu wollen!"

Die Frau hatte sich aus ihrer vorigen Ruhe in
einen wüthenden Affect hineingesprochen.

„Halt's Maul!" fuhr ihr Mann sie an, „was
versteht so'n dummes Weibsbild wie Du davon.
O, man muß sein Ingenium haben und man hat
seine Studien nicht umsonst gemacht. Der Mors=
bach käme mir gerade recht. Ho, wenn ich nicht
wäre, aber man hat auch noch seine Pläne und
Absichten. Wenn der Herr Lieutenant von Maude=
rode sein Auge auf die Else geworfen hat, so ist
das meine Sache. Es hat Manche schon ihr Glück

mit einem solchen Anfang gemacht. Und wenn wir
nur erst drüben bei Hofe sind, he nun, der Herr
Landgraf hat auch noch Augen im Kopfe."

Die Frau hatte ihm die Flasche aus den Händen gerissen. „Du . . ." die Fluth von Schimpf-
wörtern, welche sie über den bestürzt zu ihr auf-
schauenden Gemahl aussprudelte, zeichnete sich eben
so sehr durch die überraschendsten Wortbildungen, wie
durch die dabei aufgewendete ungemeine Zungenfertig-
keit aus. Es blieb übrigens bei der Schnelligkeit des
ganzen Vorgangs nicht zu unterscheiden, ob es unter
dieser wüthenden Eruption bei den Worten sein
Bewenden gehabt haben mochte. Der bis dahin
stark in die Stirn gedrückte dreieckige Hut des
Sergeanten lag wenigstens plötzlich drei oder vier
Schritte von seinem Eigner entfernt an der Erde
und der Puderstaub, welcher binnen einem Moment
in dicker Lage das Bruchstück der Uniform des
würdigen Kriegsmannes bedeckte, blieb für das
Gegentheil dieser Annahme noch ein ferneres, ver-
dächtiges Zeichen.

Der Schrecken des unvermutheten Ueberfalls
schien den Letzteren völlig ernüchtert zu haben. In
einem Augenblick befand sich derselbe auf den Füßen
und der verlorene Hut wieder in seinen Händen.
Als kluger Feldherr war seine nächste Bewegung

jedoch darauf gerichtet, sich den Rückzug zu sichern und für alle Fälle den unmittelbaren Weg zur Thüre zu gewinnen.

„Himmel, Schwerenoth!" donnerte er, den Dreispitz wieder in die Stirn und mit dem Zeichen seiner Sergeantenwürde, dem von der Wand aufgegriffenen spanischen Rohr mit aller Gewalt auf den Tisch schlagend. „Hat das Weib nicht Ordre pariren gelernt? Da sollen ja . . ."

„Hat Er noch nicht genug?" war ihm seine Ehehälfte mit blitzenden Augen und die Hände in die Seite gestemmt ins Wort gefallen. „Wird Er nun machen, daß er fortkommt. Und zum letzten Mal rathe ich Ihm, mein Haus nicht mehr zu betreten. Ich bin eine ehrliche Frau und will partout mit einem solchen Hallunken wie Ihm nichts mehr zu thun haben. Der Herr Oberst hat mir, hört Er, mir, die Erlaubniß ertheilt, bei seinem Grenadier-Bataillon das Marketendergeschäft auszuüben. Der Herr Oberst kennt mich und wird ein Einsehen haben, Ihn von jetzt ab ein für allemal in ein eigenes Quartier zu verlegen. Er Judas, Er, he! Also auf die Schande seiner Tochter sind seine Pläne für die Zukunft gerichtet? Nun, da würde ich doch auch ein Wort mitzusprechen haben. Und daß Er es nur weiß, der Herr Oberst und der

Herr Oberstlieutenant sollen über Ihn und seine
sauberen Absichten gegen den Morsbach jetzt vollends
aufgeklärt werden. Was aber den Mauderode und
die übrigen jungen Herren betrifft, die Ihn mir
heute wieder auf den Hals gehetzt haben, so sage
Er denen, daß sie sich vor mir in Acht nehmen
sollen. Solche Gelbschnäbel wollen eine recht-
schaffene Frau cujoniren. Also mißfällig bemerkt
haben die . . ."

„Mutter, Mutter um Gotteswillen! Ein Kriegsgericht! Ach Du allmächtiger Herrgott!"

Die Frau hatte sich auf den Angstruf ihrer
Tochter mitten in ihrem Redefluß unterbrochen und
war zu derselben ans Fenster zurückgestürzt.

„Der Auditeur und der Hauptmann von Lan-
denfeld mit dem Lieutenant von Langen," murmelte
sie, „das wird Ernst, da bleibt keine Minute mehr
zu verlieren. Else, schnell mein Tuch und meine
Florhaube!"

„Ho, ist's schon so weit?" erinnerte sich bei dem
Ausruf des Mädchens auch der Sergeant. „Ja,
was der Mauderode in die Hand nimmt, das ge-
winnt sofort Schick und Gestalt. Ist ein Mordkerl,
der Lieutenant! — Gebt Euch keine Mühe," höhnte
er schon unter der Thüre zu den beiden Frauen
gewendet. „Der Herr Excandidat, der Morsbach,

wird gehängt, nun erst recht, dafür stehe ich Euch. Und daß Sie's nur weiß, Sie verrücktes Weibsbild, Sie, bei dem, was ich über die Else gesagt habe, dabei bleibt's. Hoho! Man hat am Ende nicht umsonst seine Studien gemacht, und Ihr und der ganzen Welt zum Trotz werde ich meinen Willen schon durchzusetzen wissen.

Drittes Capitel.

Juchhe! Nach Amerika!

Der Oberst lauschte mit starren Blicken auf den draußen vor dem Gasthause von Trenton auf dem Marktplatz der kleinen Stadt von vielen hundert Stimmen aufgenommenen und immer erneut angestimmten Ruf. Das Gesicht des alten Offiziers war merklich bleich geworden und drückte eine lebhafte Besorgniß aus. Die Finger seiner Rechten trommelten mechanisch auf den Tisch, mit der Linken stützte er sich halb abseits der Straße zugewendet, auf die Armlehne seines Sessels.

Der Oberstlieutenant war klirrenden Schritts an das nächste Fenster getreten. Außer den Beiden befand sich augenblicklich nur noch ein in streng dienstlicher Haltung vor dem Obersten aufgerichteter junger Offizier im Zimmer.

„Daß Dich . . ." murmelte der Erstere unwirsch
zwischen den Zähnen, „immer dieser verdammte
Ruf. Seit unserem Abmarsch aus Cassel ist er das
stete Signal für alle von den Hallunken angestifteten
Cravalle und Aufläufe gewesen. Uebrigens, Oberst=
lieutenant, wenn die Kröcher nun doch die Wahr=
heit gesagt hätte. Weiß Gott! Ich begreife Sie
nicht, die arme Frau so hart anzulassen. Wer weiß,
was das noch geben mag. Wenn wir den Mors=
bach frei gäben, wäre sicher die ganze vertrakte Ge=
schichte zu Ende."

Der Angeredete schien die an ihn gerichtete Be=
rufung ganz überhört zu haben.

„Ja, Herr Oberst," kehrte er sich gleichmüthig
zu diesem, „da hilft nun eben Alles nichts. Die
Jäger haben sich noch nicht unter den Auflauf ge=
mischt. Auch die vom Regiment Trümbach scheinen
an demselben noch keinen Antheil genommen zu
haben. Die Ersteren sind überhaupt Landeskinder
und darum eine andere Art als die draußen. Es
bleibt kein Ausweg weiter, wir müssen General=
marsch schlagen und diese beiden Abtheilungen
schnell unter das Gewehr treten lassen. Ich an
Ihrer Stelle, Herr Oberst, würde sofort den Be=
fehl dazu geben. Mindestens würden wir dann
doch wissen, auf wen wir noch zu zählen haben

und könnten unsere Maßregeln darnach ergreifen."

„Hm!" der Oberst strich sich unschlüssig das Kinn. „Es heißt das aber, den Crawall gleich zum Aufstande stempeln und ich muß die Burschen für ihr bischen Lärmen und Toben gleich executiren lassen, statt so allenfalls die ärgsten Schreier mit einer gehörigen Tracht Fuchtel abzufertigen." Fragend blickte er auf den Oberstlieutenant.

Dieser zog sich die vom Tisch aufgegriffenen Handstulpen an und zuckte die Achseln.

„Ich halte dafür, es bleibt keine Minute zu verlieren," äußerte er.

„So — na wenn Sie meinen, Oberstlieutenant," entschied sich der Oberst. „Also, Lieutenant von Späth, lassen Sie Generalmarsch schlagen. Die erste Compagnie Jäger rückt durch die Hauptstraße links gegen den Markt vor, die zweite Compagnie besetzt die Ausgänge rechts und giebt einen Zug zur Sperrung der nach dem Fluß führenden Ausgänge. Das Regiment Trümbach bleibt vorläufig noch in Reserve. Zur Uebernahme der Regimentsstücke von sämmtlichen Truppen wird eine Compagnie desselben und ein Zug Jäger von der ersten Compagnie zur Hauptwache beordert. Meinem Grenadier-Bataillon und dem Regiment Arnstein bleiben

die bisher bestimmten Sammelplätze angewiesen.
Vor allen weiteren Schritten wird mir hier Bericht
abgestattet."

Der Oberstlieutenant hatte sich den Dreispitz in
die Stirn gedrückt und das wuchtige spanische Rohr
in die Hand genommen.

Der Oberst murmelte einen schweren Fluch
zwischen den Zähnen. „Daß Dich . . ." murrte er,
„fuchteln will ich die Canaillen lassen, daß ihnen
am lichten Tage alle Sterne vom Himmel vor den
Augen tanzen sollen. Mir selbst den heiligen Feier-
tag zu verderben. Nicht sein Glas Wein kann man
in Ruhe trinken."

„Wo der Mauderode nur bleibt?" warf er die
Frage auf. „Das Kriegsgericht könnte am Ende
doch längst beendet sein. Eine verdammte Geschichte
das! Wohin, Oberstlieutenant?"

„Hinunter, die Burschen nochmal in Güte zur
Ruhe zu mahnen," erwiderte der Angeredete mit
noch einem letzten Blick auf den Platz vor dem Hause.
Man hörte von der Hauptwache jenseit desselben den
Generalmarsch wirbeln.

„Dacht' ich's doch, Kreuz und Stern!" fluchte
der Offizier. „Trotz des Signals rührt sich keiner
der Kerle von der Stelle. Das ist also offene
Meuterei. Ein Glück nur, daß wie der von mir

eingeforderte Bericht uns vorhin gemeldet hat, die Eisdecke des Flusses bereits ins Treiben gekommen ist. Bei Gott! Binnen einer halben Stunde würden wir sonst hinter unseren sämmtlichen 2000 Mann, bis etwa auf die beiden Compagnien Jäger, das Nachsehen haben. Allein der aus Amboy erwartete Branntweintransport kann jeden Augenblick eintreffen, und dann stehe ich bei der Stimmung der Leute für nichts. Himmel, Pestilenz! Und das Alles um solch eine nichtsnutzige Schürzengeschichte."

„Na, Oberst, habe ich's Ihnen denn nicht gleich gesagt. O, ich kenne ja meine Leute! Hat denn nun die Kröcher nicht meine vorige Vermuthung vollkommen bestätigt. Und es war die reine Wahrheit, was die Frau uns berichtet hat, ich bürge dafür. Es ist das ein kreuzbraves Weib, jedoch ihr Schurke von Mann taugt den Teufel nichts. Von dem Mauderode am Ende ganz zu geschweigen."

„Warum ich das arme Weib vorhin so hart abgefertigt habe, fragten Sie mich?" kehrte er sich zu dem mittlerweile an seine Seite getretenen Obersten. „Nun, als ob uns jetzt noch eine Wahl bliebe. Das ist es ja eben, weswegen ich aus der Haut fahren möchte. Blicken der Herr Oberst doch da nur mal hinunter auf den Haufen. Ein Zug, eine Miene von Nachgiebigkeit jetzt und der helle,

lichte Aufruhr schlägt über unsern Köpfen zusammen.
Ob der Morsbach unschuldig ist oder nicht, bleibt
gleichviel, auf eine specielle Untersuchung dürfen
wir uns um unserer eigenen Sicherheit, und, was
weit mehr zu sagen hat, um der Ehre unserer
Fahnen willen gar nicht einlassen. Der Schrecken
allein kann uns die Herrschaft über die empörten
Massen wiedergewinnen und erhalten und die ver=
letzte Disciplin muß ihr Opfer haben. Darum, so
leid es mir um den armen Burschen thun mag und
so sehr ich überzeugt bin, daß sein ganzes Verschul=
den höchstens auf ein paar unbesonnene Redens=
arten hinausläuft, ich kann ihm nicht helfen, ich
kann keine Entschuldigung mehr für ihn anhören,
er ist uns mal der Nächste in Händen und seine
Execution liegt in der unbedingten Nothwendigkeit.
Wo es sich wie hier um die Erhaltung von zwei
Infanterie=Regimentern, einem Grenadier=Bataillon
und zwei Compagnien Jäger handelt, kann ein
Menschenleben unmöglich in Frage kommen.

Ein erneutes furchtbares Geschrei hatte dem
Oberstlieutenant das Wort im Munde abgeschnitten.
Wieder johlte es: „Juchhe! Nach Amerika!" und:
„Wie theuer verkauft der Landgraf das Joch Men=
schenleben?" Plötzlich lief jedoch der Ruf: „Die
Wagen! Die Wagen kommen!" durch die den ganzen

weiten Platz erfüllende Soldatenmenge und man
sah den Haufen sich stürmisch dem Ausgang der
rechten Seitenstraße zuwälzen, wo in der That soeben die Gespanne und Deckpläne einiger Fuhrwerke
sichtbar wurden.

„Da haben wir die Geschichte!" war der Oberstlieutenant aufgefahren, „die Wagen kommen also
über Princetown und nicht über Kingsbridge, und
so hat die unsererseits abgesendete Ordonnanz dieselben verfehlt. Daß neunundneunzig Schock . . .
Hinunter denn, um wenigstens das Aergste zu verhüten."

Unter der Thür prallte der Davonstürzende fast
mit einem, in Begleitung einer Wache mit aufgenommenen Gewehr eben die Treppe heraufstürmen-
den Offizier zusammen. „Halt, Herr Oberstlieutenant!" hielt derselbe jenen auf, „wohin? Um
Gotteswillen! Treten Sie den Leuten jetzt nicht in
den Weg. Die Kerle sind rein des Satans. Ich
glaube, wenn die Wagen nicht glücklicherweise jetzt
erschienen wären, wir, ich und meine Escorte hätten
daran glauben müssen.

„Der Hauptmann von Landenberg!" hatte der
Oberst bei dem Erscheinen des Neuaufgetretenen
mit einem freudigen Anklang in seiner Stimme
ausgerufen. „Gottlob, endlich werden wir doch

Bestimmtes erfahren. Wie steht's Hauptmann? Was hat die angestellte Untersuchung ergeben? Wie lautet der Spruch des Kriegsgerichts?"

„Auf den Tod natürlich," erwiderte der Angeredete leichthin. „Puh, sich durch das meuterische Gesindel Bahn zu brechen, war trotz der 10 Mann, welche ich von der Hauptwache als Bedeckung mitgenommen, ein Stückchen, das ich sobald nicht vergessen werde. — Ja, versteht sich, auf den Tod durch den Strang. Hier ist das Protocoll, und hier das Urtheil. Es fehlt nur noch die Unterschrift des Commandirenden. Gut, daß da noch so schnell und fest durchgegriffen worden ist. Die Geschichte scheint in der That schlimmer noch, als man vermuthen konnte."

„Hat der Morsbach gestanden?" war der Oberstlieutenant dem Hauptmann ins Wort gefallen.

„Gestanden — nein," lachte der Hauptmann. „Es wäre aber am Ende auch von solch einem Burschen zu viel verlangt, mit dem Strick um den Hals noch gestehen zu sollen. Indeß gesprochen hat er frisch von der Leber weg, als er nur erst warm geworden. O, der Mauderode versteht's. Als der zwei Corporäle mit frischen Haselstecken hereingerufen hatte, um den Inculpaten das Geständniß

zu erleichtern, da floß dem Schelm das Maulwerk
wie ein Mühlrad über. Mein Gott, was hat der
Mensch für verrücktes Zeug von sich gegeben und
von was hat er nicht Alles gesprochen. Von Men-
schenwürde, von dem angeborenen Recht der freien
Selbstbestimmung, von göttlicher und menschlicher
Gerechtigkeit und der Himmel mag wissen, von
was sonst noch Alles. Nur gut, daß unser Herr
Landgraf Friedrich II. die Ausfälle auf sich nicht
gehört hat. Schade, einen besseren Prediger hätte
sich eine Gemeinde schon gar nicht wünschen können; allein für ein rechtschaffenes Regiment ist dieser Kerl mit seiner höllischen Suade unbedingt ein
wahres Gift gewesen. Darum waren wir denn
auch sofort einig über ihn, je eher er die Himmel-
fahrt antritt, um so besser sicher für uns.“

„Und nichts, kein Wort über ein vorhandenes
Complott?“ versuchte der Oberstlieutenant noch ein=
mal, auf seine vorige Frage zurückzukommen.

Der Oberst hatte in seiner maßlosen Entrüstung
über das Benehmen des Angeschuldigten bereits die
Feder ergriffen, um das ihm vorliegende Todesur-
theil zu unterzeichnen.

„Mein Gott, nein,“ entgegnete der Gefragte.
„Er gestand ein, den Wunsch gehegt und gelegentlich auch geäußert zu haben, aus seiner gegenwär-

tigen Lage befreit zu werden, doch ohne hierzu schon
einen bestimmten Plan gefaßt oder verfolgt zu haben. Er wollte sogar vielmehr bei seinen Cameraden zur Unterwerfung unter das einmal Unvermeidliche gerathen haben. Irgend eine Angabe über
diese seine Mitschuldigen war nun vollends nicht
aus ihm herauszupressen. O, es ist dies ein ganz
schlauer und verstockter Bursche! Bedarf es denn
eigentlich aber auch des Eingeständnisses eines Complotts? Der jetzt ausgebrochene Aufstand läßt über
dessen Vorhandensein ja doch keinen Zweifel übrig.“

„Was ist das?“ war der Oberstlieutenant auf
ein von dem Platze heraufschallendes erneutes furchtbares Geschrei herumgefahren.

„Ach ja,“ erinnerte sich der Hauptmann, „ich
vergaß, zu berichten. „Der Mauderode hat gleich
von der Hauptwache den Weg durch die an diese sto-
ßenden Gärten eingeschlagen, um die Jäger den Aufständischen in den Rücken zu führen. Das wird es
sein. Ja, in der That, da stürzen die Hallunken ja
schon zurück aus der Straße. Bravo! Das imponirt
— wie fest die Jäger hinter ihnen aufschwenken. Die
Sache ist so gut, wie zu Ende! Weiß Gott! Ich hätte
bei seinem vornehmen Airs bei bem Mauderode nie
einen so capablen Offizier vorausgesetzt.“

„So,“ äußerte der Oberst, die Feder ausspritzend,

„da liegt das Urtheil, fertig unterzeichnet. Wer es wagt, seinen allergnädigsten Kriegsherrn, dem er geschworen, zu schmähen, der ist bei mir ein für allemal von der Liste der Gnade gestrichen. Gleich morgen mit Tagesanbruch soll der Delinquent vor der Hauptwache gehängt werden. Hier, Oberstlieutenant, setzen auch Sie Ihre Unterschrift darunter."

„Ja, in der That, Hauptmann," fügte er nach einem Blick durch das Fenster in freudiger Wallung hinzu, „Sie haben Recht. Die Sache ist einfach zu Ende und es bedurfte, die Ruhe wieder herzustellen, schließlich eigentlich nur, den Burschen Ernst zu zeigen. Der Platz ist wie gekehrt. Na, Oberstlieutenant, nichts für ungut, aber es wollte mir gleich scheinen, als ob Sie bei Ihrer vorigen Auffassung zu schwarz gesehen hätten."

Der Letztere murrte etwas zwischen den Zähnen, wovon nur einige abgerissene Stellen, wie: „Gott gebe, daß der Schein nicht trügt," und: „Das Beste bleibt immerhin, daß das Eis aufgegangen ist," verständlich blieben. Auch er hatte unterzeichnet und mit einem ingrimmigen Fluch die Feder auf den Tisch geworfen.

„Aha!" schmunzelte der Oberst, „da wird von dem Mauderode ein ganzes Rudel Arrestanten nach der Hauptwache gesendet. Wieviel sind's denn?

Zehn, zwölf, zwanzig, einundzwanzig Mann. Nach
der Vertragsbestimmung mit England 12 Pfund
Sterling auf den Kopf, repräsentirt das ein ganz
hübsches Sümmchen ... Haha! Unser allergnädigster
Herr Landgraf würde mich, wenn ich alle die Kerle
hängen lassen wollte. Darum denn auch erst keine
lange Untersuchung mit ihnen, es ist an dem Einen
schon übergenug, und gewiß ein zehnmal Gassenlau-
fen thut's zur Noth auch."

„Uebrigens allen Respect, Hauptmann von Lan-
benberg," kehrte er sich mit wichtiger Miene zu diesem, „aber das muß zugestanden werden, mein Adjutant, der Lieutenant von Mauderode hat sich bei
dieser Gelegenheit ganz außerordentlich distinguirt.
Ist überhaupt ein ungemein fähiger Offizier. Ich
werde auch nicht verfehlen, Sr. Hoheit dem Herrn
Landgrafen, Bericht darüber abzustatten. Der Vater des jungen Herrn wird über das Benehmen seines
Sohnes gewiß eine große Freude empfinden und bei
der so einflußreichen Stellung desselben am Hofe,
kann das der ganzen Brigade jedenfalls nur zum
Vortheil gereichen."

„Die Else Kröcher wünscht bei dem Herrn Obersten für den inhaftirten Vice-Corporal Morsbach eine
Fürbitte einzulegen," meldete eine Ordonnanz unter
der Thür des Zimmers.

„Na, das fehlte mir noch," brauste der Oberst
auf, „von Neuem dies Gewinsel anzuhören. Die
Dirne soll sich auf der Stelle nach Hause scheeren.
Der Morsbach wird morgen früh gehängt, und damit Basta!"

„Wofern die Else ihren Bräutigam vor seiner
Justificirung noch zu sehen und zu sprechen wünscht,"
war der Oberstlieutenant dem Erzürnten kalt und
entschieden ins Wort gefallen, „so soll ihr dazu auf
eine halbe Stunde freier Paß gewährt werden."

Der Oberst starrte jenen an und eine heftige Er-
widerung schien ihm schon auf die Lippen getreten.

„Den letzten Abschied von einem Delinquenten
zu nehmen, kann nach keinem Kriegsrecht der Welt
den ihm Nahestehenden verweigert werden," äußerte
der alte Offizier mit einem festen Blick auf den
Anderen.

Der Letztere trat zum Tisch und füllte sich, verlegen und ungewiß aus einer der dort noch stehenden
Flaschen sein Glas bis zum Rande. „Ja, na ja,"
stieß er endlich unwirsch hervor, „es ist eigentlich auch
wahr, sehen kann sie ihn, jedoch sonst bleibt es genau bei der getroffenen Bestimmung und ich will keinesfalls mehr belästigt werden. — Bräutigam?"
kehrte er sich nach einem tiefen Schluck aus dem
Glase zu dem Oberstlieutenant.

„Hm!" erwiderte dieser, „so eigentlich wohl ge=
rade noch nicht, ich glaube eigentlich kaum, daß die
beiden jungen Leute sich schon gegenseitig erklärt ha=
ben. Indeß, so viel ist gewiß, wenn die Else ihn
nicht gehalten hätte, so wäre uns der Morsbach schon
längst auf und davon. Möglich auch, daß dann die
heutige Affaire einen ganz andern Ausgang genom=
men hätte. Das ist's zum Teufel ja eben, weswegen
ich an das Desertirungscomplott nicht habe glauben
mögen."

Viertes Capitel.

„Morsbach, o und Ihr könntet glauben, daß ich oder meine Mutter ... nein, nein, sprecht den schrecklichen Verdacht nicht aus. Ich ... ach Du mein Gott! Ich Euch verrathen."

Das Mädchen war vor dem mit schweren Fesseln an eine rohe, hölzerne Pritsche gefesselten jungen Mann auf die Knie gesunken. Der Letztere war, soweit das dürftige Talglicht in der unfern der Thür des kleinen, dumpfen Gelasses am Boden hingestellten Hornlaterne zu erkennen erlaubte, eine hohe, kräftige Gestalt. Die Haare des Unglücklichen hatten sich theils aus der steifen Frisur gelöst und hingen ihm fessellos über Stirn und Wangen. Die großen dunklen Augen leuchteten im unheimlichen Glanze, sein Gesicht deckte Todtenblässe und eine unnatürliche Starre verzerrte die sonst regelmäßigen Züge desselben.

„Und muß ich es denn nicht glauben," stieß der junge Mann abgebrochen hervor und seine Stimme klang völlig dumpf vor innerer Erregung, „wenn Dein Vater selbst..."

„Mein Vater!" es lag eine Welt von Klage in diesem Ausruf des armen Mädchens, ein krampf= haftes Schluchzen rang sich aus ihrer Brust.

„Zu sterben," fuhr der junge Mann in der vo= rigen Weise zu sprechen fort, „wo das Leben an= scheinend noch so weit gestreckt vor uns liegt, am Galgen zu sterben — o es ist ein furchtbares Ver= hängniß; allein was ist mir am Ende der Tod, tausendmal habe ich ihn in dieser entwürdigenden Lage, in welche das Schicksal mich versetzt hat, her= beigewünscht; unter den feindlichen Kugeln habe ich ihn herausgefordert, standhaft würde ich mein Ge= schick auf mich nehmen. Aber bitterer, tausendmal bitterer als der Tod, ist mir der Gedanke, zugleich den einzigen Halt, der mich noch an das Leben fes= selte, verloren geben zu müssen; damit ist die geistige Kraft, welche mich so lange über das Unglück erhoben gehalten hat, gebrochen. Auf und nieder treibt es in mir, wie die sturmgepeitschte See, ich vermag keine Idee mehr zu fassen, mit dem Zweifel, der mit unwiderstehlicher Gewalt über mich gekommen, ist mir selbst der Glaube an die göttliche Barmherzig-

keit entschwunden. Leugne es, Else, wenn Du es
kannst und magst, leugne es, was Dein Vater mir
höhnend in das Gesicht geschleudert hat, daß Du,
Du es gewesen bist, die meine geheimsten Wünsche,
meine Hoffnung auf ein Entrinnen aus dieser furcht=
baren Sclaverei, mein Sehnen nach Freiheit ihm
offenbart hat, daß Ihr, Du und Deine Mutter es
gewesen seid, welche jede meiner Handlungen und
Worte ausgespäht und ihm hinterbracht haben."

Das Mädchen war von der Erde aufgefahren,
ihre Augen sprühten Blitze, der unendliche Jammer
der einen letzten Minute hatte alles Kindliche aus
ihrem Antlitz verwischt. Mit wirren, zitternden
Händen strich sie sich die Haare aus der Stirn, ihre
Blicke liefen unstät in die Runde.

„Er lügt! er hat gelogen!" kreischte sie, das
Haupt wie in halb irrsinniger Verzweiflung in den
Nacken zurückgeworfen.

„O, Du lieber, gütiger Vater droben," keuchte
sie aus angstgepreßter Brust, wieder auf den Knieen
und die Hände gen Himmel erhoben, „sende Du
ihm ein Zeichen, daß er das Entsetzliche von mir
nicht glaubt, daß diese schändlichste, schwärzeste
Lüge von mir genommen werde. O August, blicke
mich an, blicke mir ins Auge! Noch nie ist ein
Wort der Liebe zwischen uns gewechselt worden.

Nie würde ich Dir mit einem solchen Geständniß
entgegengetreten sein, doch der Schatten des Todes
schwebt hier über uns. Nun denn, August, bei
diesem Schatten, bei dem Wiedersehn dort jenseit,
ich liebe Dich! Ich liebe Dich mehr, als Alles in
der Welt, mehr, als eine irdische Brust zu fassen
vermag! August, kann die Liebe, was sie liebt, verrathen? Kann die Liebe an sich selbst zum Verräther
werden?"

Die Ketten des jungen Mannes klirrten bei
seinem Emporfahren. „So kann nur die Wahrheit sprechen!" jubelte er. „Dank Dir, mein Gott,
für diese letzte Gnade! Dank, Else! Dank! Auch
ich habe..."

„Holla! Hier ist der Profoß, der seinem Manne
das Maß zu dem ihm morgen umzulegenden Orden
vom hanfenen Halsbande zu nehmen kommt
Hahaha! Wo ist der wachthabende Corporal? Aufgemacht! Donnerwetter!"

Ein Zittern durchlief den Körper des Mädchens
bei diesem von jenseit der Thür zu ihr dringenden
Ruf ihres Vaters.

„Er ist's," flüsterte sie, „allmächtiger Gott!
Er und immer er. O, ich Unglückliche!"

Der junge Mann hatte sich unterbrochen, seine
Blicke streiften die noch immer vor ihm auf den

Knieen Liegende und sein Verdacht schien über deren
Bewegung von Neuem zu erwachen. „Else, da ist
Dein Vater!" richtete er das Wort an dieselbe.

Der eisige Ton des kurz hervorgestoßenen Satzes
ließ die ihm plötzlich aufgestiegene Regung seines
Innern im innersten Herzen des unglücklichen Mädchens wiederklingen.

Es leuchtete wie von einem glücklichen Gedan-
kenblitz in den Augen derselben, wieder streiften ihre
Hände, wie um ihre Gedanken zu sammeln, ihre
Stirn und ihr Haar. „Ha!" murmelte sie, „ja
ja, es ist ja wahr. August," wandte sie sich zu
diesem, „ich verlangte von dem Himmel ein Zeichen,
Dir meine Unschuld beweisen zu können, und schon
hat der gnadenreiche Gott meine Bitte erhört. Er
selber hat meinen Vater in diesem Augenblick hierher zur Stelle geführt. Jetzt soll, jetzt muß es sich
entscheiden. Hintreten will ich vor ihn, er wird,
er kann unmöglich seine gräßliche Beschuldigung
mir ins Angesicht behaupten."

„Himmel Schwerenoth!" vernahm man aus
dem Gemurmel und lebhaften Hin- und Widerreden
von jenseit der Thür die grobe Stimme des Sergeanten, „was, meine Tochter? und auf eine halbe
Stunde? Was hat die Dirne bei dem Delinquenten zu schaffen. Da soll ja ... Aufgemacht, sage

ich, nun erst recht. Ich bin ihr Vater und an den Haaren will ich sie herausreißen."

„Zurück Sergeant!" donnerte eine andere Stimme. „Befehl des Obersten. Verschafft Euch auch erst einen solchen; ohne eine schriftliche Ordre habt Ihr hier nichts zu suchen."

„Ho!" höhnte der so Abgewiesene. „Corporal Lehndorf, Einen habe ich schon befördert, gelüstet's Euch etwa, den Weg wie der da innen zu gehen. Und übrigens, nicht mehr Sergeant. Auf Empfehlung des Herrn Brigade-Adjutanten und Lieutenants von Mauderobe hat mich der Herr Oberst wegen meines bewiesenen Diensteifers und meiner Mitwirkung zur Entdeckung des angesponnenen Complotts soeben zum Feldwebel befördert. Respekt darum, Corporal, vor seinem Vorgesetzten oder . . . Man hat nicht umsonst seine Studien gemacht und mit solchem Gelbschnabel, wie Ihr seid, wird man schon noch fertig zu werden wissen. Oeffnet, sage ich Euch."

„Feldwebel oder nicht," schrie der Andere, „mir gleichviel, ich bin im Dienst und die gegen mich ausgestoßene Beleidigung sollt Ihr verantworten müssen." Unter dem dumpfen, den Worten des Sergeanten gefolgten Murren, war die Aeußerung des Letzteren den Beiden diesseit der Thüre bei nahe verloren gegangen. „Schlagt den Verräther zu Boden!" rief eine vereinzelte Stimme. „Der Schuft! Eine Kugel dem Hunde im nächsten Tref= fen!" schwirrten andere Ausrufe durcheinander.

„Oeffnet! um Gotteswillen, öffnet!" hatte Else unter dem vorigen Streit und dem anscheinend jetzt allgemeinen Aufstand schon wiederholt dazwischen ge= rufen.

„Was geht hier vor?" übertönte eine befehlende Stimme den wüsten Lärm. „Höllen=Pestilenz! Cor= poral Lehndorf, warum ist Er nicht, wie die Ordre lautete, bei dem Delinquenten in der Zelle geblie= ben? — Ich will nichts hören und nehme keine Entschuldigung an. Morgen nach Ablösung der Wache soll sein Benehmen dem Herrn Obersten ge= meldet werden. Uebrigens die der Else Kröcher gewährte halbe Stunde ist verflossen, und hört er nicht, Corporal, daß das Mädchen selber sich zu entfernen wünscht? Oeffne Er, den Besuch heraus= zulassen."

In Verzweiflung, ihre Absicht vielleicht nicht mehr ausführen zu können, hatte das arme Kind in der letzten Minute mit ihrer ganzen Kraft an der Thür gerüttelt.

„Was machst Du hier?" schrie unter dem Oeff= nen derselben der Sergeant sie an. „Marsch, nach Hause mit Dir, Du ungerathene Dirne, oder . . ."

„Halt, Vater! nicht von der Stelle, bis Du die gegen mich geschleuderte Beschuldigung, daß ich, ich den Morsbach verrathen habe, widerrufen hast. Dort vor jenem Unglücklichen, in Gegenwart all' dieser Männer, im Angesicht des allmächtigen Gottes, im Namen von all' dem, was Dir heilig und theuer ist, sprich, sprich die Wahrheit. Entlaste mich dieses gräßlichen Verdachts. Laß Jenen nicht unter dem Druck dieser entsetzlichen Lüge aus diesem Leben scheiden. Ich verlange nur das Eine. Du kannst, Du wirst der Bitte Deiner Tochter nicht widerstehen. Nur diesmal, nur dies eine Mal sprich die Wahrheit."

Es war todtenstill in dem Kreise geworden. Die unbewußte Hoheit in der Erscheinung des Mädchens imponirte für den Augenblick selbst den herzugeeilten wachthabenden Offizier. Der Sergeant blickte verwirrt und bestürzt, sein Gesicht war kreidebleich geworden, mehrmals versuchte er zu sprechen, ohne doch einen Laut über die Lippen zu bringen. In athemloser Spannung lauschte der Gefangene auf den Ausgang dieser ihm durch die offenstehende Thür halb verborgenen Scene. Unter der verzweifelten

Anstrengung, noch einen letzten Blick auf die Ge=
liebte zu erhaschen, klirrte die Kette desselben.

Der zufällige Laut hatte die bösen Geister in
der Brust des unnatürlichen Vaters wieder wachge=
rufen und der Gemeinheit in seinem schmutzigen
Charakter das gewohnte Uebergewicht zurückgegeben.
„Halt's Maul, dumme Dirne,‟ schnaubte er seine
Tochter an. „Das fehlte mir noch gerade, mich bei
Dir verantworten zu sollen.‟

„Du mußt! Du mußt!‟ war ihm die Letztere
ganz außer sich in's Wort gefallen. „Nicht von der
Stelle lasse ich Dich, bis Du jene gräßliche Beschul=
digung widerrufen hast.‟

„So, also ich muß,‟ lachte er roh und gewaltthä=
tig. „I seh doch mal Einer, ich muß. Meinetwegen!
ich will Dir den Gefallen thun. Du, gerade Du,
hast ihn an mich verrathen. Der Teufel soll mich
holen, wenn's nicht wahr ist! Wohl bekomm's, Herr
Vice=Corporal und Bataillonsschreiber. Hahaha!‟

Mit einem wahnsinnigen Aufschrei war das
Mädchen wie vom Starrkrampf ergriffen, zu Boden
gestürzt.

„Tod dem Schurken! Nieder mit dem Hallunken!‟
tobte es aus funfzig Kehlen um den Sergeanten.
Die gesammte Wachtmannschaft hatte sich in dem
engen Vorflur zusammengedrängt. Die Nächsten

von ihrer einmal entflammten Wuth fortgerissen, stürzten herzu, um ihre Drohung sofort in Vollzug zu setzen.

„Zurück, Ihr da!" donnerte der Offizier, sich der Mannschaft in den Weg werfend. „Fort mit den Kerlen in die Wachtstube. Wer im nächsten Moment sich noch hier befindet, der soll, das schwöre ich Euch, morgen mit dem da innen die Reise in die Ewigkeit gemeinsam antreten. Corporal Lehndorf, schließe er die Thür zu der Zelle des Gefangenen. Jetzt habe ich genug an dieser verdammten Rührscene. So — und jetzt fasse Er und ein Mann hier an, das Mädchen in das Offizierzimmer zu tragen. Schaffe Einer Wasser herbei, ihr das Gesicht zu netzen."

Mit dem Zusammenbrechen seiner Tochter war das Bewußtsein der ganzen Scheußlichkeit seiner Handlung wie ein Blitz in die Seele des nichtswürdigen Alten geschlagen. Seine Beine versagten ihm den Dienst, er mußte sich an die Wand lehnen, um nur nicht niederzusinken, seine Zähne schlugen wie im Fieber zusammen.

Die Beiden, der Offizier und er, waren allein in dem halbdunklen Vorflur zurückgeblieben. Die Augen des Ersteren, eines noch ziemlich jugendlichen, schlank gewachsenen Mannes, schienen jenen durchbohren zu wollen. „Sergeant," raunte er, Gesicht fast an Gesicht, demselben zu, „Gott weiß es, eine Monatsgage wollte ich darum geben, wenn ich Ihn statt des armen jungen Burschen da in dem Loche hätte. Er Schuft!"

„Haben Sie hier eine dienstliche Bestellung auszurichten," setzte er laut hinzu, „oder sonst eine dienstliche Verrichtung, Sergeant? — Nicht! — So entfernen Sie sich augenblicklich aus dem Wacht=lokal, oder ich werde morgen bei dem Obersten über Sie wegen Belästigung der Wache Beschwerde erheben."

Wie ein Träumender wankte der so Verwiesene über den Flur auf die dunkle Straße. Die schlimme Witterung des Nachmittags war mit Eintritt des Abends zu einem wahren Unwetter ausgeartet. Regen und Schnee trieben in dichten Schauern durcheinander, der Sturm schleuderte die Schin=deln von den Dächern und drohte diese selbst in jedem Augenblick mit sich fortzuführen, die dicke, feuchtkalte Luft erschwerte ebenso sehr das Athmen, als sie, weit empfindlicher als trockne Kälte, die Glieder erstarrte. Eine rabenschwarze Finsterniß hielt ihren Mantel um die Erde gebreitet.

Der Sergeant schien über den einmal entfessel=ten Sturm in seinem Innern, den Sturm draußen

gar nicht zu bemerken. Lange stand er an der
Ecke des Marktes und der westlichen Hauptstraße
und schaute unentschlossen und nachdenklich bald zurück nach der Hauptwache, bald zu den gleich eben
so vielen Glühpunkten durch die trübe Atmosphäre
schimmernden erhellten Fenstern des jenseits gelegenen großen Gasthauses, in welchem nach Stillung
des Tumultes die Offiziere der Garnison ihr durch
denselben unterbrochenes Festgelage jetzt wieder aufgenommen hatten und von wo sich gelegentlich einzelne Ausbrüche einer lärmenden Fröhlichkeit bis
zu diesem fernen Winkel vernehmbar machten.

„Verdammte Geschichte!" murrte der Alte.
„Eigentlich bin ich doch ein Narr, mir die alberne
Affaire so zu Herzen zu nehmen. Wenn ich mir
Alles genau überlege, so könnte mir das schon
kaum besser passen. Die Else weiß nun gleich,
woran sie sich zu halten hat und Bah! — es stirbt
sich nicht so leicht, sie wird schon wieder zu sich
kommen. — Ob ich der Alten nicht wenigstens Nachricht gebe? Hm! Nein, die wird ohnehin das
Mädchen nicht aus den Augen gelassen haben. Prrr!
Das ist aber ein Hundewetter!" er schüttelte sich,
„ich bin ganz erstarrt. Da fällt mir ein, die Mutter Greschken vom Regiment Arnstein hat mir gestern
gesagt, daß sie mit der letzten Sendung ein Fäßchen

echten Genever empfangen habe, den müßte ich doch
kosten. Ja, ich will mir mit einem guten Schluck
den Magen erwärmen und all den Aerger hinunter-
spülen."

Er schritt, das spanische Rohr fest vor sich
aufstoßend, eilig die Straße hinunter.

„Pah!" brummte er zwischen den Zähnen, „die
Kerle sollen sich gegen mich nur mucksen, Feldwebel
bin ich nun ja schon und der Mauberode und ich,
wir Beide, wenn wir einig sind, halten die ganze
Bande unter dem Daumen. Ha! Man hat doch
nicht umsonst seine Studien gemacht. Ein Donnerwetter sollte die Else, wofern sie mir das Con-
cept verrücken wollte. So als Schloßwart da drüben
am Hofe, oder sonst in einer guten Stelle. Holla!
Das wird ein Leben geben."

Fünftes Capitel.

––––––

„Laßt mich! Dank! Bitte, überlaßt mich mir selbst." Es lag etwas so unendlich Rührendes und doch auch wieder Bestimmtes in der Bitte des unglücklichen Mädchens, daß die beiden sie geleitenden Soldaten unwillkührlich ihren Worten Folge gegeben hatten.

„Else," redete der Eine gutmüthig auf sie ein, „nehme Sie sich das Unglück mit dem Morsbach nicht so zu Herzen. Weiß Gott, fünfundzwanzig aus dem Pfeffer wollte ich auf mich nehmen, wenn ich's ändern könnte, er war ein so guter Camerad. Uebrigens, wer weiß, was möglicherweise zu seiner Rettung geschehen kann, es liegt ja noch die ganze Nacht dazwischen, vielleicht besinnt sich der Oberst noch."

„Na, Else, wir wollen Ihrem Wunsche nach-

geben," äußerte der Andere, nicht minder weich,
„da gleich um die Ecke liegt ja die Baracke Ihrer
Mutter schon und Sie kann deshalb nicht mehr irre
gehen. Und Else, weiß Sie, ich habe die Wache
bei Morsbach von eins bis drei Uhr, ich will's
ihm sagen, wie Sie sein Unglück sich zu Herzen
nimmt. Es wird das immerhin ein Trost für ihn
sein. Jedermann von uns weiß ja ohnedieß, daß
der schlechte Kerl, Ihr Vater, gelogen hat."

Das arme Kind hatte alle diese Trostgründe
wohl kaum vernommen, mit dem Aufgebot ihrer
ganzen Kraft sich zusammenraffend, versuchte sie
raschen Schritts den Beiden um die nächste Ecke
nur erst aus dem Gesicht zu gelangen. Sie fühlte
augenblicklich nur das eine Bedürfniß, sich unbeob-
achtet und allein zu wissen, um ihrem Jammer
freien Lauf zu lassen. Die erleuchteten Fenster in
der Behausung ihrer Mutter und die Stimmen,
welche aus der Gaststube durch die dünnen Bretter-
wände sich vernehmbar machten, ließen sie deshalb
auch nach einem augenblicklichen Zögern ihren Weg
die Straße abwärts fortsetzen. Um jeder Begegnung auszuweichen, bog sie endlich eine Strecke
weiterhin in einen von Bretterzäunen und dichten
Dornenhecken eingefaßten Fahrweg ein, welcher hinter der Rückseite der den Marktplatz einschließenden

Gehöfte mit der Richtung auf den Fluß in das freie Feld hinausführte.

Die beiden Soldaten schauten ihr nach, bis sie um die Ecke umlenkte. „Weißt Du," ließ der Eine einem ihm plötzlich aufgestiegenen Gedanken Worte, „wir hätten die Else doch eigentlich lieber nicht allein gehen lassen sollen, wenn sie sich nun ein Leids anthäte — der Schnaps," setzte er hinzu, „den uns ihre Mutter für unsere Begleitung eingeschenkt haben würde, wäre bei diesem Hundewetter außerdem auch nicht gerade zu verachten gewesen."

„Im Grunde ja, es ist wahr, es kommt so etwas selten genug an unser Einen," erwiderte der Andere. „Warum hast Du auch nicht früher daran gedacht — ein Leids anthun?" überlegte er, „paß, sie wird doch nicht — na, jetzt hilft's eben nichts mehr und übrigens weißt Du, es ist mir jetzt wahrhaftig Alles verleidet. Am liebsten möchte ich schon gar nichts mehr von den verdammten Geschichten hier sehen oder hören."

Es war ungefähr dieselbe Stelle, auf welcher vorhin auch der Sergeant gestanden hatte und eben tönte aus dem Gasthause ein lauter Jubel, vermischt mit dem hellen Klang der aufgegriffenen Gläser herüber.

„Da saufen nun die Kerle," murrte der Erste,
die Faust in der Richtung des Schalls hinaus=
streckend, „und wir — hol's der Teufel!" kehrte
er sich zu seinem Cameraden, „seit unserer Abfahrt
von, wie heißt das englische Nest doch gleich, haben
wir an Traktement keinen rothen Heller mehr in
der Tasche gehabt, und doch, hat mir neulich noch
erst einer von den Hannoveranern versichert und
zugeschworen, zahlt der Engländer unserm Land=
grafen pro Tag 10 Groschen für den Mann von
uns. Das geht Alles für die da auf und für das
halbe Hundert nichtsnutziger Weibsbilder drüben,
das der alte Seelenverkäufer sich zu seinem Ver=
gnügen hält und für die er das Gold mit vollen
Händen wegwirft, um das er uns an England ver=
schachert hat. Der . . ." es war eine Majestätsbe=
leidigung des schwersten Grades und eine Verwün=
schung von eben so bündiger Kraft als seltsamer
Composition, welche der Mann in seinem maßlosen
Ingrimm wider seinen Kriegsherrn ausgestoßen hatte.

„Ja," lachte der Andere, „es ist nun schon
nicht anders, die da drüben Wein und Braten,
und für uns die Fuchtel und Spießruthen, Buch=
weizengrütze, und wenn's mal hoch kommt, graue
Erbsen mit ranzigem Speck. Daß die" jedenfalls
ließ der für die galanten Damen des landgräflichen

Hofes gebrauchte Ausbruck jedes Mißverständniß un=
möglich erscheinen, „sich in Sammet und Seide klei=
ben können, darum müssen wir hier bei 10 und 20
Grad Kälte in leinenen Hosen und wachsleinenen
Gamaschen vor dem Feinde aushalten. Was drauf=
geht, geht drauf, der Menschendiebstahl da in Hessen
wird derohalben höchstens nur ein Bischen mehr im
Großen betrieben. Zwölf Pfund Blutgeld auf den
Kopf, zehn Groschen Sold auf den Tag und nochmal
zwölf Pfund als Ersatz für die erlittene Einbuße,
wenn Einen von uns der Teufel geholt hat. Dazu
noch die vielen kleinen Items, wie die Summe für
die Mäntel, welche uns nun schon lange versprochen
sind und die der ...“ die Bezeichnung für den Land=
grafen stand in Deutlichkeit und kerniger Derbheit der
für seine Maitressen gebrauchten, jedenfalls nicht nach
„den Engländern nun schon dreimal abgepreßt haben
soll. Die Rechnung stimmt, wie Du siehst, es ist
freilich schlimm, daß wir mit unserem Blut und
Knochen die Zeche dabei bezahlen müssen.“

„Prrr! Komm, ich bin schon bis auf die Haut
durchnäßt und der Wind erstarrt Einem das Mark
in den Knochen.“

Die beiden Leute eilten quer über den Markt=
platz dem Wachtlocal zu, vor welchem auf der ent=
gegengesetzten Richtung eben ein Karren vorgefahren

war und sich einige Laternen geschäftig hin und her bewegten.

„Gut, daß die arme Else das nicht mehr gesehen hat," äußerte stehen bleibend der erste Sprecher, „da ist schon der Profoß mit seinen Knechten, um den Galgen aufzurichten."

„Höre," unterbrach ihn der Andere, indem er mit einem Griff seiner Rechten des Cameraden Arm wie in einem Schraubstock zusammenpreßte. „Hol's der Teufel! Es geht so nicht länger. Eigentlich trägt Niemand anders, als der Morsbach die Schuld, das die Dinge heute so schlecht verlaufen sind. Warum hat er immer mit allen Händen gewehrt, wenn wir losbrechen oder davongehen wollten. Zehnmal hat sich die Gelegenheit dazu geboten. Das hat er jetzt davon. Doch so oder so, die Sache muß schließlich mal ein Ende nehmen. Ich sage Dir, die Geschichte geht nicht gut aus, morgen."

„Wenn nur das Eis noch hielte," hatte der zweite Soldat nachdenklich eingeworfen, „so wüßte ich schon, was wir thun sollten."

„Mag es halten oder nicht," fiel der Erste heftig ein. „Die scharfen Patronen von heute Mittag sollen uns die Hunde..." wieder schüttelte er die Faust in der Richtung des Gasthauses, „nicht

umsonst eingehändigt haben. Ich habe vorhin in
der Wachtstube so etwas flüstern hören, daß die
von der ersten Compagnie in der Nacht den Galgen
umzusägen beabsichtigen. Von drei bis fünf Uhr
habe ich den Posten vor dem Gewehr und an mir
wird's nicht liegen, wenn ihnen ihre Absicht nicht
gelingen sollte. Dann mögen sie morgen am lichten Tage, in Gegenwart der gesammten zur Hin-
richtung commandirten Garnison doch mal versuchen,
den neuen Galgen aufzurichten. Es muß biegen
oder brechen, sage ich Dir."

„Soll ich etwa den dritten Mann bei der Unterhaltung der beiden verdammten Kerle da machen?"
vernahm man die Stimme des wachthabenden Offiziers unter der Thür der Wache. „Marsch, in die
Wachtstube. Ich werde Euch Heimlichkeiten haben
lehren."

„Es geht was vor, bei den Leuten," murmelte
der junge Mann besorgt, den beiden eilig an ihm
vorbeigeschlüpften Leuten nachschauend. „Wie der
eine von den Burschen mich anblitzte. Und das
Wispern und Flüstern da innen. Ob ich nicht von
diesen bedrohlichen Anzeichen sofort noch die Meldung mache? — Freilich, was kann ich eigentlich
denn schon mittheilen und wer ist von denen da
drüben noch nüchtern genug, um meinen Bericht

entgegenzunehmen? Verdammter Unsinn das, bei
einer so kritischen Lage sich einer so unverzeihlichen
Sicherheit hinzugeben. Ich wollte, daß es erst
Morgen und diese Execution vorüber wäre."

Ein dumpfes Krachen fast unmittelbar vor sich,
hatte das junge Mädchen aus der Versunkenheit
geweckt, in welcher sie, ohne auf die Außendinge
Acht zu geben, ja ohne eigentlich nur sich ihres
Thuns bewußt zu werden, in der letzten Viertel=
stunde immer auf dem einmal eingeschlagenen Wege
fortgeschritten war.

Erschreckt schaute sie sich um, vergeblich jedoch
nur versuchten ihre Blicke sich in der undurchbring=
lichen Finsterniß zurechtzufinden. Das Gehör und
Gefühl mußten hier das Gesicht ersetzen und das
Rauschen und Krachen vor ihr, wie das Gleiten
ihrer Schritte auf dem theilweise schon vom Wasser
überspülten Boden, ließen sie muthmaßen, daß sie
sich wahrscheinlich bereits auf der an dem Uferrand
noch feststehenden Eisdeck: des Flusses befand. Die
steile Böschung des Ersteren mochte ihr dabei die
Aussicht auf die Stadt verbergen, wenigstens blieb
ein Lichtglanz nirgendwo wahrzunehmen. Der
Sturm ras'te auf der freien Fläche hier unten so

entsetzlich, daß das arme Kind sich wider die sausen=
den Windstöße kaum aufrecht zu erhalten vermochte.
Der Regen peitschte dazu ihr Gesicht und ihre von
dem eisigen Hauch fest an ihren Körper gepreßten,
durchnäßten Kleidungsstücke erstarrten ihre Glieder.
Es schüttelte sie wie im Fieber, die Beine drohten
ihr den Dienst zu versagen.

Sie wollte einlenken, doch in der sie umhüllen=
den allmächtigen Dunkelheit vermochte sie die Rich=
tung nicht wiederzugewinnen. Das Wasser über
dem Eise reichte ihr bereits bis zum Knöchel, deut=
lich fühlte sie das Anschlagen der empörten Wo=
gen des gewaltigen Stroms an die dünne Decke
unter ihr.

„Verloren!" hauchten ihre Lippen. „Großer
Gott! — Aber nein, nein, der Zufall hat mir den
Weg gezeigt, was gilt mir das Leben ohne ihn.
Wenige Schritte noch, und ein nasses Grab nimmt
mich auf. Willkommen Tod! Dort jenseit will ich
ihm entgegentreten, dann kann, dann wird er an
meiner Unschuld nicht mehr zweifeln. Ha! Dort,
dort!" Hastig arbeitete sie sich vorwärts. Ein
furchtbarer, vom jenseitigen Ufer niedersausender
Windstoß hielt sie auf und benahm ihr den Athem,
sie mußte alle Kräfte aufbieten, um von demselben
nicht niedergerissen zu werden. Ein donnerähnliches

Krachen schlug an ihr Ohr, der Boden schwankte unter ihren Füßen.

„Zurück!" vernahm sie eine Stimme beinahe unmittelbar neben sich, „die Eisdecke vor uns ist geborsten, binnen einer Secunde wird das Wasser Fuß hoch die Schollen hier überfluthen. Schnell zurück!"

Willenlos hatte sie unter dem Eindruck des ersten über sie gekommenen Entsetzens dem unver- mutheten Zuruf Folge geleistet und kämpfte sich mühselig den Andern nach durch die in der That in einem Moment ihr fast bis zum Knie reichende Fluth. Das Eis knackte und knarrte unter ihren Füßen.

„Gottlob," äußerte eine zweite Stimme, „für diesmal sind wir noch so davongekommen, da über dem Uferrand sehe ich bereits Lichter aus der Stadt aufleuchten."

Wirklich, das Ufer mußte sich an dieser Stelle wohl weniger steil absenken, durch die dicke, trübe Luft sah man in nicht allzuweiter Entfernung einige Lichtpunkte aufdämmern. Das Dunkel hier unten war darum aber nicht minder dicht genug, um selbst auf kaum einen Schritt Entfernung von den redenden Personen mehr als die ungefähren Umrisse ihrer Gestalten und auch das nur in einzelnen befonders glücklichen Momenten unterscheiden zu können.

„Verdammt!" fluchte ein Dritter, „es ist keine Möglichkeit mehr, hinüberzukommen, was nun beginnen?"

„Warum mußtet Ihr auch auf Euren Kopf bestehen," grollte der Erste, „gleich hier den Uebergang bewirken zu wollen. Da in der scharfen Biegung des Flusses, keine zweihundert Schritt oberhalb dieser Stelle, wird das Eis sicherlich noch feststehen. Heute Mittag noch lagen die Schollen da Fuß hoch übereinander geschichtet. Wenn wir noch einen Versuch dort anstellten."

„Wenn die Satanskerle, die Amerikaner, nur bei ihrem Abzuge nicht alle Kähne auf das jenseitige Ufer mit hinübergenommen hätten, warf einer der Deserteure die Bemerkung ein, „da unten ist der Fluß ganz offen."

„Der Wind hat sich umgesetzt," versuchte der Erste, noch einmal den gesunkenen Muth seiner Cameraden neu anzufachen. „Es regnet auch schon nicht mehr, und seht doch, dort blitzt sogar schon ein einzelner Stern durch die Wolken."

„Wenn die da drüben wüßten, wie es hier bei uns steht," hatte noch Einer das Wort aufgenommen, „sie würden zu uns kommen, statt daß wir

jetzt sie auffuchen follen. Eine folche goldene Gelegenheit kommt denen im ganzen Kriege nicht wieder.
Binnen einer Stunde wird keiner von unferen
Offizieren mehr feine Sinne bei einander haben und
wir, bis etwa auf die Jäger und die paar eigentlichen Heffen unter den Regimentern, bereit fein, auf
den erften Schuß die Gewehre wegzuwerfen und
uns gefangen zu geben. Kreuz-Donnerwetter! Der
ganze Feldzug würde damit eine andere Wendung
erfahren. Und ihre Sachen ftehen herzlich fchlecht,
wie die allgemeine Sage geht. Wenn nur Einer
das Wageftück, fie zu benachrichtigen, unternehmen
wollte, fie kämen gewiß, und auch dem armen Kerl,
dem Morsbach wäre damit vom Galgen geholfen."

Ein Blitz war mit diefer Aeußerung in die
Seele des Mädchens eingefchlagen, fie wollte den
Männern zurufen und fich zu dem geforderten Wa-
geftück anbieten. Doch: „Fort! Fort!" fchnitt ihr
der Zuruf des Einen das Wort auf der Lippe ab,
„hört Ihr nicht die Trommel von der Hauptwache?
Es ift nun eben Alles zu fpät. Binnen fünf Minu-
ten ift von den vifitirenden Corporälen unfer
Fehlen in den Quartieren entdeckt und gemeldet.
Wenn nicht anders, brechen wir morgen los."
Die Leute ftürzten das Ufer hinauf und der Stadt
zu von dannen. „Ja, wir brechen los," vernahm

sie noch einzelne abgerissene Laute. „Den Mauderobe nehme ich . . .“

Der tobende Wind verschlang den Rest dieser
Versicherung. Else befand sich allein auf der vorigen
Stelle zurückgeblieben. Dumpf rauschte der Fluß
vor ihr, höher und höher schwoll die Fluth zu
ihren Füßen, doch vorwärts tappte sie sich durch die
Nacht in der unter dem vorigen Gespräch erlauschten
Richtung. Der eine Gedanke, den Geliebten zu
retten, beflügelte ihre Schritte und Tod und Gefahr
vermochten wider dessen Allgewalt keinen Eindruck
mehr auf ihre Seele auszuüben.

Endlich! Das Wasser trat zurück, das Eis
knirschte und schwankte nicht mehr unter ihren
Tritten. Scholle um Scholle kletterte sie empor.
Jetzt hörte sie zur Rechten und zur Linken die Wogen
um sich branden, indeß eben das Toben des Elements
diente ihr in der Finsterniß, die Richtung einzu-
halten. Endlos streckte sich der Weg. Oft glitt ihr
Fuß von den steil emporragenden Eiswänden zurück
und der Tod gähnte vor und hinter ihr. Zuletzt vermochte sie nicht mehr aufrecht vorwärts zu schreiten
und sie warf sich nieder, um vorsichtig über die
schwierigsten Stellen hinwegzugleiten.

Der Sturm schien Mitleiden mit dem kühnen
Mädchen zu fühlen, es wehte minder stark, zuweilen

blitzte in der That bereits ein einzelner Stern aus
den vom Winde gepeitschten Wolken. Noch einmal
wankte und wogte es unter ihr, der Schreck trieb
sie wieder empor auf ihre Füße, schon meinte sie
in den brausenden Wassern zu versinken, doch noch
im letzten Moment faßte sie erneut festen Halt.
Mit Donnergekrach brach die mürbe Decke hinter
ihr zusammen. Von Entsetzen gepackt, stürzte sie
blindlings vorwärts. Eine ununterscheidbare schwarze
Linie ragte vor ihr empor, sie glitt aus und jauchzte
laut auf, das jenseitige Ufer war erreicht, ihre
Hände hatten in die vom Regen und der Sturm-
fluth des Flusses durchweichte Erde gegriffen.

Noch unter dem auf den Knieen zum Himmel
gesendeten Dankgebet wurde sie angerufen. Ihr
voriger Freudenschrei war von dem nächsten amerikanischen Posten vernommen worden. Auf den Alarm-
ruf des Mannes eilten noch Andere herzu. Bei
der Unmöglichkeit, sich mit dem der englischen
Sprache nicht mächtigen Mädchen zu verständigen
und bei der augenscheinlichen Wichtigkeit der von ihr
erstrebten Mittheilung, beeilte sich der Befehlshaber
der feindlichen Feldwache, die ihm wie durch ein Wunder zu Händen gelangte Gefangene unmittelbar in das
Hauptquartier des commandirenden Generals zurück-
zusenden.

13

Sechstes Capitel.

Die Führer des durch eine Reihe von erlittenen
Niederlagen bis auf kaum 3000 Mann geschmol-
zenen amerikanischen Heeres waren auf das Eintreffen eines reitenden Boten aus Philadelphia mit
Einbruch der Dunkelheit in das Quartier des commandirenden Generals nach dem Flecken Romsey zu
einem schleunigen Kriegsrath zusammenberufen worden. Die größte Aufregung herrschte unter den
zum weit überwiegenden Theil ebenfalls in diesem
Ort zusammengezogenen amerikanischen Truppen.
Ein dunkles Gerücht ging bei denselben um, daß
der Oberst Lee sich bei Brunswick mit dem ganzen
von ihm geführten Heerhaufen den Engländern gefangen gegeben habe. Die Sache der jungen amerikanischen Freiheit schien nach diesem neuen Schlage
rettungslos verloren. Die Milizen von New-Jersey
drohten, unter der Rückwirkung desselben abzuziehen

und die ganze Armee befand sich nicht viel besser,
als in voller Auflösung begriffen.

In der langhingestreckten Hauptstraße von Romsey
wogte es auf und ab und trotz des schlimmen Win-
terwetters standen die Leute zu Hunderten um das
Quartier des Generals versammelt. Ein wüster
Lärm erschallte aus den Schenken und das Wort
Verrath, das sich in den mannigfachsten Zusammen-
stellungen uud Beziehungen zum häufigsten aus den
hier und dort zusammengetretenen Gruppen vernehmbar machte, übte seinen altbewährten, zer-
setzenden Einfluß aus. Flüche und Verwünschungen
schwirrten durcheinander, Trunkene taumelten auf
der Gasse umher. Die wenigen Offiziere, welche
noch den Muth besaßen, der eingerissenen Unordnung steuern zu wollen, vermochten sich bei den
erhitzten Haufen kein Gehör mehr zu verschaffen.

Auf den ersten Blick machten sich übrigens unter den Angehörigen der kleinen amerikanischen
Armee zwei ganz verschiedene Elemente bemerkbar.
Der weit überwiegende Theil der Unruhstifter blieb
kaum durch irgend ein sichtbares Zeichen als Soldaten zu erkennen. Meist in weite, bis zum Knie
reichende Schafpelze gehüllt und die Mütze von
Otterfell, oder den kleinen runden Hut der westlichen Farmer auf dem Kopfe, glichen diese wilden,

bärtigen Gesellen weit eher einem Haufen trunkener
Bauern, als regulairen Kriegsmännern. Viele von
ihnen trugen auch die bunten indianischen Mocassins
noch an den Beinen und der Fuchsschwanz und Fe=
derschmuck auf ihrer Mütze, wie ihre nicht minder
bunt und fremdartig verzierten Jagdtaschen und die
lange Kentucky=Büchse über der Schulter ließen diese
Leute selbst fast noch als halbe Indianer erscheinen.
Ein anderer kleinerer Theil der Mannschaft trug
zwar Uniform, doch auch diese zeigte in ihrer Er=
scheinung mit dem Auftreten der damaligen euro=
päischen Truppen nur eine geringe Aehnlichkeit.
Das frei und fessellos getragene Haar paßte nicht
zu dem zerdrückten und meist in der vorderen Krämpe
niedergeschlagenen dreieckigen Hut; die blaue, jedoch
durch die vielen aufgesetzten beliebigen Flicken und
die Spuren so manchen überstandenen Bivouacs
kaum noch in ihrer ursprünglichen Farbe erkennbare
Uniform glich mehr einem bequemen Ueberrock, als
der engen und knappen Montur der europäischen
Kriegsvölker. Die Wahl der Unterkleider endlich
schien vollends dem Belieben jedes Einzelnen der
Leute überlassen worden zu sein, und Stiefel und
Mocassins, Lederhosen und leinene Gamaschen bil=
deten dabei ein durchaus willführliches und unre=
gelmäßiges Durcheinander.

Auch in geiſtigen Beziehung ſchienen ſich
dieſe beiden Beſtandtheile des kleinen Heeres nicht
minder ſcharf als in ihrer Aeußerlichkeit zu unter-
ſcheiden. Der augenblickliche Tumult wurde, wie
ſchon angedeutet, vorzugsweiſe, wo nicht faſt ausſchließlich von der Maſſe der Irregulairen, oder
wie die officielle Benennung für dieſelben lautete,
von den Milizen veranlaßt und unterhalten, während die Regulairen, denn als ſolche mußten die
Mannſchaften in der bezeichneten Uniform wohl erkannt werden, ſich vielmehr jenen gegenüber in
einer Art ſtummen aber verbiſſenen Oppoſition ver-
hielten. Die Rufe der Erſteren: „Verrath! Zum
Aufbruch! Nach Hauſe!" fanden deshalb auch bei
dieſen keinen Widerhall, oder wurden von ihnen
ſogar mit entſchiedenen Zeichen der Mißbilligung
erwidert. Namentlich Seitens der um das Hauptquartier verſammelten und beinahe ausſchließlich
aus dem regulairen Beſtandtheile der Armee ge-
bildeten Haufen war dies der Fall und mußten dieſe
nach ihrer feſten und ruhigen Haltung überhaupt
wohl als eine freiwillig zum Schutze des Feldherrn
zuſammengetretene Schutzwache erachtet werden.

In einem nach dem Garten gelegenen Zimmer
des von dem amerikaniſchen Ober-General bewohn-
ten Hauſes befanden ſich zu dem von demſelben

berufenen Kriegsrathe 8 bis 10 Männer um eine mit Karten und Papieren bedeckte Tafel versammelt. Die Stimmung von der Straße schien sich auf dieselben übertragen zu haben. Die Meinungen der Herren standen sich nach deren erhitzten Gesichtern und lebhaften Geberden schroff gegenüber. Auch hier ließen sich unschwer zwei streng gesonderte Gruppen unterscheiden.

„Ob Oberst Lee," hatte ein großer, schwerer Mann das Wort ergriffen, „sich nur für seine Person den Engländern überliefert, oder mit seinem ganzen Corps eine Capitulation abgeschlossen hat, bleibt Alles eins. Das Letztere ist mit diesen Ereigniß doch jedenfalls bis zum letzten Mann auseinandergelaufen. Die Sache ist aber damit einfach aus und zu Ende. Es wäre Wahnsinn, noch ferner eine Hoffnung hegen zu wollen. Das Einzige, worauf es für uns noch ankommt, ist für die doch einmal unvermeidliche Unterwerfung der abgefallenen Provinzen, wie für uns selber die besten Bedingungen auszuwirken. Auch hierfür scheint es mir jedoch fast schon zu spät zu sein, bis morgen halten wir unsere Milizen keinenfalls mehr beisammen."

„Sprecht für Euch, Major Convai," hatte dem Redner ein jüngerer Offizier von der andern Seite des Tisches zugerufen. „Die Männer von New-

Yersey haben der Sache der Freiheit stets nur mit halbem Herzen angehangen, doch die Linie wie die Milizen von Virginien stehen, was da komme, fest bei dem Sternenbanner. Keine Unterwerfung! Gebrandmarkt sei als Verräther, wer noch von Unterwerfung spricht!"

Der erste Wortführer war bei diesem offenen Ausfalle gegen ihn von seinem Sitze aufgesprungen. „Will der Major Greene," donnerte er seinen Widersacher an, „das Wort Verräther etwa auf mich bezogen wissen?"

Mehrere Andere hatten sich dazwischen geworfen, unter dem wirren Durcheinander von Stimmen ließen sich die einzelnen Aeußerungen und Ausrufe nicht mehr unterscheiden.

„Nehmt Euer Wort zurück, Major Greene," machte sich endlich die tiefe und klangvolle Stimme eines schon älteren Herrn verständlich, „oder schleudert dasselbe auch mir, dem Obersten Putnam in's Gesicht. Ja, meine Herren, auch ich schließe mich in Allem der Ansicht des Major Convai an. Der Rückzug auf Philadelphia muß sofort angetreten werden, um wenigstens bis zum Abschluß einer Capitulation mit dem Feinde die Trümmer unseres Heeres beisammen zu halten und dadurch bessere Bedingungen erzielen zu können. Gebe Gott, daß

diese, wo nicht ehrenvoll, mindestens doch erträg=
lich sein mögen. — Bedenkt doch, Ihr Herren,
mehr denn 30,000 Feinde stehen an dem jenseitigen
Ufer des Delaware uns gegenüber und wir besitzen,
alle unsere einzelnen Posten zusammengerechnet,
kaum noch 3000, den Unterschied zwischen unseren,
vom Pfluge weggegriffenen Bauern und jenen alt=
geschulten Soldaten dabei gar nicht einmal mit in
Anschlag gebracht. Zum Ueberfluß ist dem Feinde
durch die neueste Katastrophe noch Brunswick in
die Hände gefallen und damit der nächste Weg auf
Philadelphia eröffnet worden. Darum spreche ich,
einer der Kämpfer von Lexington und Bunkershill,
es aus, wenn nicht ein Wunder geschieht, bleibt
der Abschluß einer Capitulation der letzte Ausweg
für uns, um wenigstens doch noch die Unterwer=
fung auf Gnade und Ungnade zu vermeiden. Je
eher je lieber müssen die Unterhandlungen dazu an=
geknüpft werden."

„Keine Capitulation!" riefen stürmisch die
Einen.

„Brechen wir auf nach Philadelphia!" verlang=
ten die Andern.

„Nach dem Treffen bei Bunkershill war unsere
Lage wenig besser als gegenwärtig," hatte Major
Greene eingeworfen. „Keine Unterwerfung! Gene=

ral, für die Virginier bürge ich. Lieber sterben,
als sich gefangen geben!"

„Bei Bunkershill war anno 1775 und jetzt
schreiben wir 1776," höhnte einer der Gegner.
„Damals flammte die Begeisterung der abgefallenen Provinzen noch lichterloh, doch jetzt, mit der
Erschöpfung der letzten Hülfsquellen, ist kein Funke
aus der todten Asche mehr anzublasen."

Der General an dem obern Ende der Tafel
hatte unter diesem Wortwechsel nur die großen,
klugen Augen von einem der Sprecher auf den
andern gerichtet, keine Muskel in seinem hagern,
ernsten Gesicht zuckte. Man hätte den wohl kaum
erst in die Vierziger eingetretenen Mann mit der
hohen gedankenreichen Stirn, nach der unveränder-
lichen Ruhe in den scharf ausgeprägten Zügen seines
langgestreckten Antlitzes an der ihn so nahe an-
gehenden stürmischen Scene für völlig unbetheiligt
halten mögen.

„Oberst Putnam," richtete er das Wort an
diesen, und das Bestimmte und Gemessene in seiner
Sprache konnte mit seiner ganzen äußeren Erscheinung in nicht besserem Einklang gedacht werden.
„Sie vergessen, daß nach der da draußen bei den
Truppen herrschenden Aufregung die neueste uns
zugegangene Mittheilung bei denselben schon be-

kannt zu sein scheint und daß unter der Rückwir=
kung derselben der erste Schritt rückwärts unbedingt
den völligen Zerfall der Armee herbeiführen müßte.
Auch legen Sie der Einnahme von Brunswick durch
den Feind eine Bedeutung bei, welche dieselbe für
den Augenblick noch nicht besitzt. Bei dem Eisgang
des Delaware kann und wird General Howe diesen
Fluß um so weniger überschreiten, als wir auf
zwanzig Meilen alle Fahrzeuge von dem jenseitigen
Ufer nach hierher übergeführt haben und derselbe,
wie wir mit Bestimmtheit wissen, einen eigenen
Pontontrain noch nicht zu seiner Verfügung besitzt.
Ein sofort anzutretender Rückzug ist deshalb für
uns in keiner Weise begründet. Das Verharren in
der eingenommenen Stellung noch auf einige Tage
wird das Vertrauen bei unseren eigenen Truppen
ebenso wieder steigern, als eine so feste Haltung
nicht verfehlen kann, dem Feinde zu imponiren.
Endlich aber, Oberst Putnam, verkennen Sie durch=
aus die mir als Ober=General und uns Allen als
Truppenführer zuständige Befugniß, wenn Sie die
Einleitung von Unterhandlungen, behufs einer Ca=
pitulation oder sonst welchen Zwecks, auf unser
eigenes Belieben zurückführen. Der Congreß hat
von mir die schleunige Zusammenberufung der
Corpsbefehlshaber zu einem Kriegsrath gefordert,

um nach Eingehen der letzten Nachrichten deren
Urtheil über die zeitige Lage zu hören. Das ist
mit dieser Versammlung geschehen und gewissenhaft
werde ich, ohne einen Verzug, das Protokoll dieser
Sitzung der genannten höchsten Landesbehörde ein=
senden. Indeß nur dieser und Niemandem anders
steht es zu, weitere Maßregeln hieran zu knüpfen
und namentlich auf Grund desselben mit dem eng=
lischen Oberbefehlshaber in Verhandlungen zu treten.
Darum, Herr Oberst, kann bei einem so klaren
Sachverhältniß auch meinerseits von einem Eingehen
auf Ihre Vorschläge die Rede nicht sein."

„So ist auch die letzte Aussicht zu einem einiger=
maßen ehrenvollen Arrangement verschwunden!" war
der Letztere ihm in lebhaftester Erregung in die
Rede gefallen. „Den Abschluß der Verhandlungen
dem Congreß mit seinen endlosen Berathungen und
schwerfälligen Beschlußfassungen anheimstellen, heißt
die Armee rettungslos dem Untergange Preis geben.
Es bleibt unter den obwaltenden Umständen keine
Möglichkeit mehr, die Milizen auch nur auf einige
Tage, ja nur bis morgen bei ihren Fahnen zurück=
zuhalten und mit deren Abzuge bricht das ganze
Gefüge des Heeres zusammen. Jedenfalls General
Washington, sage ich mich los von jeder Verantwort=
lichkeit für die von Ihnen getroffene Entscheidung.

„Das Spiel ist aus und zu Ende!" entschied der schon wiederholt für den Rückzug aufgetretene Major mit heiserem Lachen. „Was nützt da noch alles Hin= und Widerreden. Augenblicklich breche ich auf mit meiner Miliz=Brigade." Er hatte sich unter diesen Worten von seinem Sitze erhoben und schien die geäußerte Absicht unmittelbar in's Werk setzen zu wollen.

„Auch wir! Auch wir!" traten noch Mehrere dieser Entscheidung bei.

„Wenn das, so würde ich mich gezwungen sehen, Sie Major Conrai und Sie, meine Herren, un= verzüglich wegen Desertion und Complott in Ver= haft nehmen zu lassen!" Das Gesicht des Generals bewahrte auch jetzt noch dieselbe unzerstörbare Ruhe, nur tief auf dem Grunde seiner fest auf Jene ge= richteten Augen flammte es bedenklich. Auch seine Stimme hatte gegen vorhin an Metall gewonnen. Es lag etwas so unbedingt Gebietendes in den sicheren Blicken und der fast unbewußten Hoheit, der alle übrigen Anwesenden fast um Kopfeslänge überragenden schlanken und edlen Gestalt des be= rühmten Heerführers und Staatsmannes, daß der Major unwillkürlich das ihm schon auf die Lippen getretene rohe Lachen unterdrückte, womit er dessen gegen ihn ausgesprochene Drohung erwidern wollte.

„Die Milizen von New=Jerfey," nahm Washing=
ton unter der Todtenstille der Versammlung seine
Rede wieder auf, „sind nach dem von ihnen beeide=
ten Uebernahme=Patent noch bis zum 5. Februar
kommenden Jahres zum Dienst verpflichtet. Nur
diejenigen von Massachusets, deren Dienstzeit be=
reits seit dem letzten 15. December abgelaufen war,
befinden sich in der Lage, ihre sofortige Entlassung
beanspruchen zu können, gerade von diesen und ihrem
wackeren Führer, Major Carmer, hege ich jedoch
die feste Ueberzeugung, daß sie in der eingetretenen
schwierigen Lage dem Vaterlande den ferneren Dienst
nicht verweigern werden. Eine einseitige Lossagung
von der beschworenen Capitulation steht keinem der
Herren zu. Auch bedarf es für dieselben sicher nur
des Hinweises darauf, denn diese Lossagung wäre
Verrath am Vaterlande und, meine Herren, ich
bin überzeugt davon, es giebt keinen Verräther im
amerikanischen Lager."

Der Eindruck dieser Anrede konnte nicht größer
sein, die Augen der Männer blitzten.

„General, nein, es giebt keinen Verräther im
amerikanischen Lager!"

Der Major Greene war der Erste gewesen,
welcher Washington diesen Zuruf zugejauchzt hatte.
„Die Milizen von Massachusets stehen und fallen

mit dem Sternenbanner!" gelobte Major Carmer. „Auch die von Penſylvanien! Von Maryland!" ſtimmten die übrigen Führer bei.

„Gut denn, General," wandte ſich Oberſt Put= nam, halb noch im Kampfe mit ſich ſelbſt, halb ſchon ebenfalls von der allgemeinen Strömung fort= geriſſen, an denſelben. „Indeß die Begeiſterung iſt doch nur ein Product des Augenblicks. Was nun beginnen?"

„Ausharren, mein Freund, bis zum Ende!" — Es lag eine Gluth der Ueberzeugung in dieſen Worten Waſhingtons, daß deren Klang ſchon auch die kälteſten Herzen mit neuem Vertrauen erfüllen mußte. — „Ein Kampf wie dieſer kann nicht ohne die bedenklichſten Wechſelfälle geführt werden, und ohne Wanken, ohne je auch in den ſchwierigſten Lagen an deſſem endlichen glücklichen Ausgang zu verzweifeln, gilt es für uns, dieſe Wechſelfälle auf uns zu nehmen. Wie vielmal in dem nun zwei= jährigen Verlauf des Krieges haben wir uns dem übermächtigen Feinde gegenüber nicht ſchon in einer ähnlichen Lage wie die gegenwärtige befunden und immer noch ſind wir unter Gottes gnädiger Hülfe durch unſere Ausdauer und Beharrlichkeit glücklich aus allen anſcheinend unüberwindlichen Schwierig= keiten hervorgegangen. Denkt an Bunkershill, Ihr

Herren, denkt an Kingsbridge! Harren wir darum
auch diesmal aus. Ist unser Kampf denn nicht
der Kampf der unterdrückten Menschheit gegen ihre
Unterdrücker? Sind wir nicht die Vorkämpfer der
Freiheit? Was der dort oben so herrlich entzündet
hat, wird er nimmer sinken lassen. Vielleicht daß
eins jener halben Wunder..."

Ein rasch sich näherndes Geschrei ließ den General erstaunt mitten in seiner Rede abbrechen.

„Was ist das? Was giebt's" lief in dem
Kreise die Frage um. Einige der Herren waren
an die Fenster gestürzt. Ein Lichtglanz blitzte von
unten auf.

„Ein Mädchen schwebt über den Köpfen der
Menge," hatte einer der Offiziere zu der lautlos
harrenden Versammlung zurückgerufen, „Fackeln
leuchten ringsum, die Leute scheinen ganz außer
sich. Und, ja, ich irre mich nicht, einige der deutschen Milizen von Cincinath tragen sie auf ihren
Schultern!"

„Die Hessen drüben in Trenton sind bereit, zu
uns überzugehen!" schallte der Ruf von der Straße.
„Hoch das Hessenmädchen! Sie ist über den Delaware geschwommen, hoch, hoch!"

„Da ist das Wunder schon!" hatte oben in dem
Zimmer eine Stimme ausgerufen, und: „Ein

Wunder! Gott ist mit uns! Ein Wunder!" hallte
es von allen Lippen. Die Augen des Generals
richteten sich voll stummen, innigen Danks einen
Moment zu der niedrigen Decke des Gemachs, wie
groß und freudig die Bewegung seines Innern ge=
wesen sein mochte, in seinem Antlitz lag auch jetzt
noch die vorige überlegene Ruhe ausgesprochen.

Die Treppe stürmte es herauf. „Hoch General
Washington!" donnerte der Ruf. „Auf, Vor=
wärts! Zu den Waffen!"

Das eine Extrem war bei der Menge im jähen
Wechsel dem anderen, gerade entgegengesetzten, ge=
wichen. Else fand sich von ihren Trägern dem Ge=
neral gegenüber niedergesetzt. Hunderte hatten sich
ihr nach in das Zimmer gedrängt, vor allen Fen=
stern starrten Köpfe.

. Das arme Kind bot einen entsetzlichen Anblick.
Ihre dürftigen Kleidungsstücke waren auf dem zurück=
gelegten furchtbaren Wege von den scharfen Rändern
des Eises zersetzt worden und starrten vor Nässe,
ihr reiches blondes Haar hing ihr, von dem Sturm=
winde zerzaus't, verfitzt und verwirrt in die Stirn
und den Nacken nieder. Blut befleckte ihr Gesicht.
Sie schien einer Ohnmacht nahe, doch ihre Augen
leuchteten, wie von einer Verklärung. Einem un=
willkürlichen Antriebe Folge gebend, war sie vor

Washington auf die Kniee gesunken. Flehend hob sie die, von den tiefen, bei dem Anklammern an die schneidigen Schollen sich zugefügten Schnitt=wunden, mit Blut übergossenen Hände zu demsel=ben empor. „Hülfe, Herr General, Rettung!" hauchte sie mehr, als sie sprach, ihre innere Erre=gung war zu groß, als daß sie ihre Befangenheit und physische Erschöpfung so unmittelbar zu be=wältigen vermochte.

Der Blick, womit der Letztere in dem Herzen des Mädchens zu lesen versuchte, war nicht frei von einem Schatten des Verdachts, indeß fast noch unter dem ersten Aufsteigen dieser halb unwillkür=lichen Regung des Mißtrauens verflüchtigte sich die=selbe in dem Ausdruck jener milden, ruhigen Klar=heit, welche sich als der eigentliche Grundzug seines Charakters für gewöhnlich in seinen Augen und in seinem ganzen Wesen ausprägte und worauf der Zauber seiner Persönlichkeit vorzugsweise zurückge=führt werden mußte.

„Wasser! Einen Tropfen Wein!" wandte er sich an seine Umgebung. Er selber neigte sich zu der Bittenden, um sie von der Erde aufzuheben. „Sprich, mein Kind," richtete er nach einem Mo=ment der Erholung mit einer in seinem Organ

14

bisher noch nicht hervorgetretenen Weiche des Tones
und in deutscher Sprache das Wort an dieselbe.

Die Milde in dieser Anrede und der Laut der
Muttersprache schienen dem Mädchen mehr noch,
als alle ihr gereichten stärkenden Mittel, ihr volles
Bewußtsein zurückzugeben. Sie richtete sich auf,
zum ersten Male wagte sie, ihr Auge zu dem vornehmen General zu erheben, und ein seltsames
Vertrauen zu dem hohen, milbfreundlichen Mann,
von dem sie die Rettung des Geliebten erwartete,
zu dem Erfolg ihres Schrittes, kam über sie.
Schüchtern anfänglich noch, doch je länger sie sprach,
immer bestimmter, zusammenhängender berichtete sie
von den Vorgängen der letzten Stunde. Sie sprach
zwar nur von sich, von dem Geliebten, doch durch
die Erzählung ihrer eigenen Begebnisse theilte sie
gleichzeitig die allgemeinen Ereignisse mit, welche
zunächst freilich allein für ihre Zuhörer von Interesse sein konnten, und ihre Mittheilung gewann
durch diese einfache, schlichte Darstellung nur um
so mehr an innerer Wahrheit und Zusammenhang.
Nur den Antheil ihres Vaters an der Gestaltung
ihres Schicksals ließ sie aus, instinctmäßig widerstand es ihr, vor diesem Fremden die Anklage gegen
den, der bei all' seiner Verworfenheit doch immer
ihr Vater blieb, erheben zu sollen.

Einzelne Ausrufe und ein halblautes Geflüster hatten ihre Rede begleitet. Die Deutschen von Cincinnaty und wer nur ein Wort der fremden Sprache verstand, versuchte den Uebrigen ihre Aussage verständlich zu machen. Der Aufstand der Garnison von Trenton vom vorigen Nachmittag, das von Else beinahe wörtlich wiedergegebene Gespräch der hessischen Deserteure, das Gastmahl der Offiziere, verbreiteten sich so unter der Menge. Endlich bei der Mittheilung des Mädchens von ihrer Flucht über das Eis brach der langverhaltene Jubel los. Die Fenster klirrten von dem unbändigen Geschrei, das sich, von den Außenstehenden aufgenommen, weiterhin über die Straße fortpflanzte. Minuten dauerte es, bevor sich der General unter diesem immer erneut ausbrechenden Lärm verständlich zu machen vermochte.

„Major Conval," richtete derselbe das Wort an diesen, „Ihnen und Major Greene sind die Vorbereitungen zu der in Aussicht stehenden Expedition übertragen. Alle in unserem Besitz befindlichen Fahrzeuge werden in vier gleich starke Abtheilungen gesondert. Sämmtliche Brigaden treten sofort in's Gewehr, doch erfolgt die Ordnung der Truppen ohne Abgabe von Signalen und ohne Trommelschlag. Auch alle sonst etwa nothwendigen

14*

Maßregeln müssen in möglichster Stille getroffen werden. Major Carmer, Sie übernehmen die Inspection der einzelnen Abtheilungen. Binnen einer halben Stunde muß die Armee in Waffen und zur Einschiffung bereit stehen."

Wenn die Absicht Washington's bei Ertheilung dieser Befehle dahin ging, zunächst und für die fernere Berathung und das anzustellende Verhör freien Raum zu gewinnen, so wurde dieselbe vom vollständigsten Erfolge gekrönt. In einer Minute waren Zimmer und Haus von der eingedrungenen Menge geräumt und man hörte außen die Leute ihren Sammelplätzen zustürzen.

„Nun, mein Kind," schloß der General die an Else gerichteten Kreuz- und Querfragen, „würdest Du Dich im Stande fühlen, die Truppen zu begleiten, um uns in Trenton drüben Ort und Gelegenheit anzugeben?" — „Ja!" — „Gut denn, so halte Dich zu morgen um vier Uhr bereit, mit uns aufzubrechen."

„Capitain Maccrea," wandte er sich an einen jungen Offizier, „nehmt das Mädchen in Eure Obhut. Es soll auf's Beste für sie gesorgt werden. — Ruhe Dich einige Stunden aus, mein Kind. Schlafe wohl, mein muthiges Mädchen; wenn es Zeit ist zum Aufbruch, sollst Du geweckt werden."

„Nun denn, Putnam," richtete Washington nach

einigen nachdenklichen Gängen durch das Zimmer das Wort an den allein noch bei ihm zurückgebliebenen Obersten, „könnt Ihr noch zweifeln, daß der da oben für uns ist? Wenn aber das, wer will wider uns sein? Ich sage Dir, Freund, mehr als je ist jetzt das Vertrauen zu einem glücklichen Ausgang unseres Kampfes in mir begründet.‟

„Oberst, morgen um vier Uhr bricht das Heer auf,‟ fügte er im Tone des Befehlshabers, diesem unwillkürlichen Ausbruch seiner Gefühle hinzu. „Die Mitte führe ich selbst, Greene wird den rechten, Carmer den linken Flügel befehligen. Ihnen bleibt die Nachhut anvertraut. Die weiteren Befehle behalte ich mir vor, im Moment des Aufbruchs auszugeben. Gott befohlen, Oberst Putnam!‟

Siebentes Capitel.

———

„Ist denn das Weib verrückt geworden!" tobte der Oberst Rall im Schlafrock und Pantoffeln in seinem Zimmer auf- und abstürmend. „Um solcher Lappalie willen mich in nachtschlafender Zeit zu überfallen und wecken zu lassen. Daß Dich! . . . Nicht eine Stunde Schlaf kann man mehr genießen. Wenn Ihre Tochter verschwunden ist, was geht das mich an? Gleich auf der Stelle packt Sie sich aus dem Hause, oder . . ."

„Halten zu Gnaden, Herr Oberst," heulte die Frau des Sergeanten, „ich kann mir nicht helfen, meine Angst kennt keine Grenzen mehr. Und daß der Herr Oberst es nur wissen, für eine Mutter ist das Verschwinden ihres Kindes keine Lappalie. Wenn der Herr Oberst selber Kinder hätten, würden Sie sich der Sünde fürchten, so zu sprechen."

„Hm!“ überlegte der Oberſt. „Ja, von der
Hauptwache kann ich Ihr doch keine Leute mitgeben,
um Ihre Tochter zu ſuchen; aber warte Sie, bis
der Tag anbricht.“

„Herr Du meine Güte!“ war ihm die beſorgte
Mutter im heftigſten Affect in's Wort gefallen.
„Warte Sie, bis der Tag anbricht! — Das hat
der Lieutenant auch zu mir geſagt. Als ob der
Tod auch ſo lange warten würde. Sehen der Herr
Oberſt doch nur, wie da oben die Sterne glitzern
und wie der Reif alle Dinge überſponnen hält.
Wenn das Kind noch irgendwo liegt und athmet,
ſo muß ſie bei Tagesanbruch vollends erfroren
und umgekommen ſein. Ich kann nicht warten,
Herr Oberſt! Einer armen geängſteten Mutter einen
ſolchen Vorſchlag zu machen. — Uebrigens aber,“
ſprang ſie mit demſelben Athem in eine andere
Gedankenfolge über, „ſind der Herr Oberſt doch
ganz allein Schuld daran, wenn das arme Kind
ſich ein Leid's angethan haben ſollte. Das müßten
der Herr doch bedenken. Was brauchten denn der=
ſelbe dem ſchlechten Kerl, meinem Mann, und dem
Lieutenant von Mauderode gleich Glauben zu ſchen=
ken. Was die Beiden ſagen, iſt noch alle Zeit
eine abgekartete Sache geweſen. Und bei der Ge=
legenheit erſt. Na, ich habe dem Herrn Oberſten

ja geſtern darüber ſchon reinen Wein eingeſchenkt.
Indeß freilich . . . Doch das nützt ja nun Alles
nicht mehr. Aber dabei bleibe ich, der Mors=
bach . . ."

„Halte Sie das Maul! — Wie kann Sie ſich
unterſtehen, den Spruch des Kriegsgerichts bekrit=
teln zu wollen. Ihr ſollen ja . . . Der Morsbach
iſt ein Hallunke, ſage ich Ihr, ſelbſt noch in ſeinem
Verhör hat er gegen Screniſſimus die läſterlichſten
Reden auszuſtoßen gewagt. Der Galgen iſt eigent=
lich noch viel zu wenig für ſolch einen Aufwiegler
und Unruhſtifter. Wenn Sie nicht ein ſo albernes,
dummes Weib wäre, würde Sie Ihre Tochter vor
dem Umgange mit einem ſo gefährlichen Menſchen
beſſer gehütet haben. — Und nun macht Sie augen=
blicklich, daß Sie fortkömmt, ich will partout nichts
mehr hören."

„Mögen der Herr Oberſt mich auch wie den
Morsbach aufhängen laſſen," heulte die Frau mit ge=
rungenen Händen, „ich gehe nicht eher von hier, bis
derſelbe mir die Erfüllung meiner Bitte zugeſagt
haben."

„He ja, was kann ich denn thun?" brummte wie=
der der trotz der rauhen Schale gutmüthige, alte Offi=
zier, „ich kann doch Ihretwegen nicht die Mann=
ſchaft von der Wache abrufen; das wäre ja gegen

allen Kriegsgebrauch. Die Dienst-Instructions müssen unter allen Umständen eingehalten werden."

In seiner Unschlüssigkeit war er bei einem erneuten Gange durch das Zimmer nachdenklich vor dem einen Fenster stehen geblieben. „Aber," fuhr er mit dem ersten Blick auf den vom Sternenlicht in ein dämmerndes Halbdunkel gehüllten Markt zu ihr herum, „weiß Sie was? Da kommt eben Ihr Mann über den Platz. Ja, in der That, er ist es. Wende Sie sich an den und sage Sie ihm von mir, daß er seine Corporalschaft wecken soll. Er kennt ja die Quartiere der Leute, die mag Sie beim Suchen mit sich nehmen."

Er unterbrach sich. „Hm," brummte er, „der Sergeant kommt ja gerade auf das Haus zu — sicher ist Ihre Tochter schon gefunden," kehrte er sich von Neuem zu der Frau, „sehe Sie doch nur die Eile von Ihrem Manne, laufe Sie ihm entgegen."

Die Letztere befand sich bereits unter der Thüre. Schwere Tritte dröhnten auf den Steinfliesen des Flurs. „He, Ordonnanz, wecke Er augenblicklich den Obersten!" vernahm man die Stimme des Sergeanten.

„Himmel, Schwerenoth!" murrte der Offizier,

feinen Schlafrock fester zufammenfaffend, „was will denn der wieder?"

Die Frau verharrte unschlüffig und verwirrt noch auf der vorigen Stelle.

„Schon auf — defto beffer. Dienftliche Mel= dung!" Die Treppenftufen knarrten unter den Tritten des Heraufftürmenden.

„Mann! Mann!" fchrie die Frau dem Nahen= den entgegen, „feit geftern Abend fchon fuche ich Dich. . . . Die Elfe . . ."

„Ich weiß, ich weiß Alles!" fchnitt ihr der Sergeant mit rafcher Geiftesgegenwart das Wort im Munde ab. „Laufe, was Du kannft. Bei dem Ausgange des Fleckens hinter dem Marktplatz ift das Kind von den dort ftehenden Poften zuletzt be= merkt worden. Mache fchnell, ich komme gleich nach."

„Na, vorläufig wäre ich die los," brummte er, der mit zwei Sprüngen die Treppe Hinabfliegenden nachfchauend, in den Bart. „Man hat doch nicht umfonft feine Studien gemacht. Aber verdammte Gefchichte das. Das wird einen Sturm geben. Donnerwetter! Daß das dumme Ding die Sache auch gleich fo ernft nehmen mußte."

„Was giebt's, Kröcher? Was ift vorgefallen?" hatte der Oberft feine Reflexion unterbrochen.

„Was es giebt, Herr Oberst?" richtete sich der neu creirte Feldwebel schnell in die streng dienstliche Haltung. „Weiß Gott, über die Begegnung mit dem Weibe hätte ich die Hauptsache beinahe vergessen. Rebellion giebt's, Herr Oberst, der Lieutenant von Rospoth schickt mich. Mit jedem Augenblick kann die Affaire von gestern wieder ihren Anfang nehmen."

„He!" starrte der alte Offizier, für den ersten Augenblick keines Wortes mächtig, den Unglücksboten an. „Plagt Sie der Teufel, Kröcher?"

„Nein, nein, Herr Oberst," bestätigte der Letztere seine vorige Aussage, „es ist leider nur zu richtig. Der Galgen, welchen der Profoß noch gestern Abend vor der Hauptwache aufgerichtet hat, ist von den Rackern durchgesägt worden. Um meiner Frau nicht in den Weg zu kommen, war ich über Nacht bei dem Greske vom Regiment Arnstein geblieben. Da kommt meine Alte vor einer Stunde etwa oder so herum mit dem Geschrei, daß die Else verloren gegangen wäre, und ob die Leute mich etwa gesehen hätten. Na, ich hatte denen für einen solchen Fall meine Instruktionen schon ertheilt; indeß die Sache ging mir doch im Kopfe herum und ich machte mich schließlich auf, das Mädchen aufzusuchen. Mein erster Gang war natürlich zur

Hauptwache, um die Posten auszufragen. Da treffe ich die Spitzbuben bei voller Arbeit. Von den eigentlichen Thätern haben wir freilich keinen erwischt, die waren auf meinen Zuruf wie ein Wetter auf und in die Wachtstube verschwunden. Doch der Posten unter dem Gewehr ist von dem Lieutenant von Rospoth und mir sofort zu dem Morsbach in die Zelle gesperrt worden. Auch den Schlüssel von dem Wachtzimmer hat der Lieutenant an sich genommen und er und ein paar noch durch die Hinterthür zu uns gestürzte Corporäle und Gefreite befanden sich eben dabei, die Gewehre von den Ständern vor der Wache in das Offizierzimmer zusammenzutragen. Die Kerle innen tobten übrigens wie besessen und auch die einundzwanzig Arrestanten im Hintergelaß fingen auf das Geschrei und Gelärm an, mit ihnen gemeinschaftliche Sache zu machen."

„So wollte ich doch . . ." Der Oberst schien aus der Haut fahren zu wollen. „Ordonnanz!" schrie er unter der Thüre. „Johann! wo steckt denn der infame Kerl wieder? Meine Stiefeln, meinen Hut und Degen!"

„Den Lieutenant von Mauderobe hierher! im Augenblick!" herrschte er dem auf seinen Ruf auf der Thürschwelle erscheinenden Soldaten zu. —

„Ich will dem Esel Beine machen!" fuhr er seinen
noch halb schlaftrunken herbeistürzenden Bedienten
an. „Himmel Schwerenoth! Gleich kommt Er
hierher! Zieh Er mir die Stiefeln an. Na, wird's
bald!" —

Man hörte einen schweren Tritt die Stiege
heraufstürmen und der Oberstlieutenant zeigte sich
völlig angekleidet, den dreieckigen Hut auf dem
Kopfe, mit Stock, Ringkragen, Degen und
Schärpe, auf der Schwelle des Zimmers. „Nicht
Kröcher, es ist wieder losgegangen?" richtete er
die Frage an denselben. „Ich ahnte es gleich,
als ich Ihn so im Sturmschritt über den Platz
eilen sah."

„Na, habe ich's denn nicht vorausgesagt!" com-
mentirte er den Bericht desselben. „Die ganze
Nacht bin ich über meine innere Unruhe die Stube
rastlos auf- und abgewandert, und ist mir über
dies alberne Spielen mit der Gefahr kein Schlaf
in die Augen gekommen. Verdammter Unsinn das,
gestern Abend noch zur um so größeren Bravade
und um den Kerlen dadurch noch mehr zu imponiren, wie in tiefster Sicherheit die ausgestellten
Zwischenposten wieder einzuziehen und das Sauf-
gelag vom Mittag wieder aufzunehmen. Wenigstens zwei Drittel der Offiziere liegen jetzt noch

ihrer Sinne nicht mächtig. Das haben der Herr
Oberst nun von dem klugen Rath dieses sauberen
Patrons, des Mauderode." — „Kröcher, fliege Er
zu dem Major von Fiebig, die Jäger müssen bin-
nen zehn Minuten auf dem Markte aufmarschiren.
Ich selber springe zur Wache hinüber, um den
Ausbruch, wenn irgend möglich, noch so lange zu-
rückzuhalten."

Der Sergeant schien zur Ausführung des ihm
überwiesenen Auftrags wenig Lust zu besitzen. Mit
scheuer Gespanntheit schielte er seitwärts durch das
Fenster, wo man in dem Halbdunkel außen, flüchtig
wie Schatten, bereits einzelne Leute quer über den
Platz stürmen sah und ihr wüthendes Klopfen an
die nächsten Hausthüren hörte. Auch der Ruf:
„Juchhe, nach Amerika!" schallte bereits wieder von
der Hauptwache herüber.

„Wird Er machen, daß Er fortkommt!" schnaubte
der Oberst den Säumenden an. „Es bleibt keine
Secunde mehr zu verlieren."

„Halten zu Gnaden, Herr Oberst," stotterte
der so Angeeiferte, „die Kerle sind bereits aus-
gebrochen, wenn ich mich da unter sie hinaus-
wage, so . . ."

„So wird schlimmsten Falls dem Profoß ein
Strick erspart," tobte der Oberst, ganz außer sich,

„denn Kröcher, Sie sind an der ganzen vermale=
deiten Affaire Schuld. Wenn ich, statt Sie für
Ihre nichtswürdige Insinuation zum Feldwebel zu
befördern, Recht und Gerechtigkeit an Ihnen geübt
hätte, so wären wir jetzt nicht, wo wir sind. Auf
der Stelle richten Sie den Befehl an den Major
von Fiebig aus! Fort, sage ich!"

Der alte Mann hatte in seinem Eifer den Hut
verkehrt aufgestülpt. „Herr du mein Jesus!" fuhr
er auf und zusammen. „Da! da ist die Bescherung
schon losgebrochen!" —

Eine Trommel wirbelte vor der Hauptwache
einige Tacte, ein paar Schüsse knallten, ein rasen=
des Geschrei verschlang den Schall derselben beinahe
noch. Blitz auf Blitz zuckte von dem Wachtge=
bäude, in einem Moment hatte sich von dort ein
verwirrtes Getümmel auf dem freien Platz über=
tragen.

„Da ist der Hund! der Kröcher. Schießt, schießt
die Canaille nieder!" Ein halbes Dutzend Schüsse
knallten hinter dem, wie ein gehetzter Hirsch die
jenseitige Hauptstraße hinunterfliegenden Serge=
anten.

Zehn, zwölf Trommeln wirbelten von allen
Ecken und Enden des Städtchens durcheinander,
die Hörner lärmten dazwischen. Aus allen Häu=

fern fah man die über das Unerwartete des Alarms kaum halbbekleidete Mannſchaft ihren Sammel= plätzen zuſtürzen. „Juchhe, nach Amerika!" jubelte es von dem Wachtlocal. „Schlagt todt! Schlagt Alles todt! Dorthin!" riefen Andere, „die Ge= fangenen haben ſich befreit, die Wache ſteht zu ihnen, der Morsbach hat die Führung über= nommen!"

„Zum Sammeln! Zum Sammeln!" eiferten die zwiſchen den verwirrten Haufen hin und her fliegenden Offiziere. „Die Compagnieen ange= treten!"

„Hierher, wer noch treu zu ſeiner Fahne hält!" Der Oberſtlieutenant war, den gezogenen Degen in der Rechten und eine vor der Hauptwache auf= gegriffene Fahne in der Linken, mitten in dem Getümmel aufgetaucht. Der Lieutenant von Kos= poth und drei oder vier Mann befanden ſich hinter ihm. „Schließt Euch an! Formirt die Glieder!" donnerte ſein Commando. „Nieder mit den Schuf= ten und Aufrührern!"

Die altgeübte Gewohnheit und die den Leuten zu Fleiſch und Bein gewordene Disciplin, machten ihre Rechte geltend. Die Nächſten ſtürzten herzu, binnen einem Augenblick mochten ſich bereits einige

hundert Mann um den kühnen Führer zusammen-
gefunden haben.

Auch der Oberst war auf den ersten Lärm auf
den Platz hinabgeeilt. „Zusammengeschlossen, meine
Kinder!" tönte sein Zuruf. „Hierher, zu mir!
Ihr werdet doch Euren alten Obersten nicht im
Stiche lassen wollen. Alle Eure Beschwerden sollen
untersucht und abgestellt werden, mein Wort gebe
ich Euch darauf. Aber denkt an die unbefleckte
Ehre Eurer Fahnen! Denkt an Euren Eid!"

In der Eile des Aufbruchs hatte der alte Mann
den Degen in die Schärpe zu stecken vergessen,
seine Perrücke saß ihm in der Quere, daß der lange
Zopf derselben ihm über der Schulter tänzelte, an
einem Fuß trug er noch den friedlichen Pantoffel,
der andere steckte bereits in dem hohen Reiterstiefel,
Hut und Stock waren ihm in dem Gedränge und
unter seiner jugendlich raschen Bewegung verloren
gegangen. Das Lachen der Leute über das Urco=
mische seiner Erscheinung wirkte zu deren Beruhi=
gung weit mehr als seine Worte.

Auf der entgegengesetzten Seite sah man Morsbach unter den Vordersten auf und ab fliegen.
Der zum Tode verurtheilte Gefangene in der niedrigen Zelle von gestern Abend und der thatkräftige,
entschlossene Führer an der Spitze der Aufrührer

15

zeigten übrigens kaum eine Aehnlichkeit miteinander.
Der junge Mann mit seinen blitzenden Augen,
seiner athletischen Gestalt und der Donnerstimme,
womit er die Seinen anfeuerte, besaß in seinem Auftreten durchaus jenes gewisse überlegene Etwas,
das unwillkürlich die Massen mit sich fortreißt und
bei einer ausgebrochenen Bewegung diese gleichsam
ganz von selbst in der betreffenden Persönlichkeit
ihren Brennpunkt finden läßt. Seine und der zu ihm
Getretenen Sache schien nichts destoweniger indeß
bereits sehr gefährdet. Wenigstens die dreifache
Zahl stand unter dem Obersten und dem Oberstlieutenant seinem Häuflein unmittelbar gegenüber
und eben blitzten auch von dem jenseitigen Ausgange der nach dem Flusse führenden Querstraße
Waffen auf und ließ sich von dort der Trommelschlag und feste tactmäßige Schritt einer starken
Infanterie-Abtheilung vernehmen.

Einen Augenblick zuvor erst war der Lieutenant
von Mauderode neben dem Obersten sichtbar geworden. Sein Antlitz trug in der bläulichen Blässe,
den stieren, glanzlosen Augen und den schlaffen
Zügen noch deutlich die Spuren einer durchschwelg-
ten Nacht. Die zerdrückte Frisur, der noch offen
stehende Uniformrock und noch manche andere Zeichen
der Unordnung in seinem Aeußern zeugten von der

Eile, mit welcher er in die Kleider gefahren sein
mußte.

„Endlich, Herr Lieutenant von Mauberode!"
hatte ihm der Oberst zugerufen. „Na, Lieutenant,
da sehen Sie selbst . . ." Der die kurze Anrede
des alten Offiziers begleitende Blick drückte deut-
licher als viele Worte die in derselben versteckte Anklage aus. „Schnell nur die Jäger hierher zur
Stelle!"

Eine dunkle Röthe war dem Lieutenant unter
diesem tadelnden Empfang bis in die Schläfe gestiegen. „Pah!" murrte er zwischen den Zähnen,
„die Jäger müssen ohnehin durch den Lärm längst
benachrichtigt sein und als ob es ihrer bedürfte,
dieses Gesindel zu Paaren zu treiben. Still gestanden in den Gliedern, Ihr Höllenhunde!"
herrschte er die nächsten Mannschaften an. „Fest
aufgeschlossen, oder ich will Euch fuchteln, daß . . ."

Sein Blick hatte drüben den Morsbach erspäht
und im gleichen Augenblick erschallte aus dem jenseitigen Haufen das Geschrei: „Wir sind umgangen!
Zurück in das Wachtgebäude!" Alles wirrte bei den
Aufständischen durcheinander.

Der Lieutenant lachte höhnisch laut auf. „Geben Sie Acht, Herr Oberst," rief er diesem zu,
„in einer Secunde soll die Ruhe wieder hergestellt

15*

sein. Folgt mir, Leute," kehrte er sich zu der Mannschaft, „Gewehr zur Attaque! Marsch! Marsch!"

Im selben Moment fast noch hielt er den sich dessen für den Augenblick nicht versehenden jungen Mann am Kragen gepackt und versuchte denselben mit kräftigem Ruck aus dem Haufen der Seinigen herauszureißen.

Kein Mann der diesseitigen Truppen hatte sich auf seinen Zuruf von der Stelle gerührt. „Vorwärts, ihm nach!" schrie der Oberst. „Fällt das Gewehr! Im Sturmschritt auf sie! Vorwärts, marsch!" tönte der Befehl des Oberstlieutenants.

Ein Theil der Leute stürmte vorwärts, die Andern drängten zurück. „Wir haben keine Patronen! Patronen her!" lief der Ruf durch die plötzlich wieder aufgelösten Glieder.

Das Schicksal des Lieutenants war bereits entschieden. Die Bewegungen der beiden Gegner erfolgten zu schnell, um die Einzelnheiten ihres Ringens unterscheiden zu können. Der junge Offizier schien unter den wüthenden Anstrengungen seines Gegners nur einen Theil des Rückenstücks der mürben Uniform desselben in Händen behalten zu haben. Noch trug dieser die Fesseln am Arm, die schwere Eisenkette sauste durch die Luft, dumpf krachte der

Schlag und jener stürzte nach hinten über, mitten
hinein in den empörten Haufen. Fünf, sechs Ba-
jonette senkten sich zugleich in seine Brust.

Ein wahnsinniges Jubelgeschrei ertönte mit dem
Fall des gehaßten Thrannen, hüben und drüben.
„Brecht durch nach dem Gasthause!" riß der Zuruf des Führers der Aufständischen die Seinen mit
sich fort. Eine scharfe Salve der die Straße in
ihrem Rücken besetzt haltenden Abtheilung ließ Feind
und Freund auseinanderstürzen. Die Stange der
von ihm getragenen Fahne war dem Oberstlieutenant von einer Kugel in der Hand zersplittert
worden. Der kühne Mann stand auf der vorigen
Stelle so gut wie allein. Er griff den abgeschossenen
Fahnentheil seines Feldzeichens von der Erde auf
und winkte damit den Herannahenden zu, um durch
den Angriff dieser bereits geordneten Truppe, wenn
möglich, noch schnell eine günstige Entscheidung her-
beizuführen. Der Oberst befand sich mit einer
Streifwunde an der Schulter durch die plötzlich zu-
rückfluthende Bewegung mitten unter die Aufrührer
verschlagen. Ein junger Fähnrich und ein paar
treugebliebene Grenadiere hatten den alten Mann,
um ihn vor dem Gefangenwerden zu schützen,
noch schnell in die nächste Seitenstraße mit zurückgerissen.

„Werft Euch in das Gasthaus! Verrammelt
alle Eingänge!" vernahm man aus dem Getümmel
Morsbach's Stimme. „Ihr Andern fahrt die Wa=
gen dort aus dem Hofe hier vor dem Ausgange
der Straße zusammen. Eilt Euch! Eilt!"

Die Gefahr für die Aufständischen erschien noch
immer gleich groß. Von links und rechts wirbelten
die Trommeln neu heranziehender geschlossener Ab=
theilungen. Die Mannschaft des eben auf dem
Markte zersprengten Haufens schwankte noch unent=
schlossen, wem sie sich anschließen sollte. Mit Ein=
nahme der neuen Stellung war für jene jedoch
wenigstens der Rückzug auf das freie Feld gewonnen
worden.

Mit dem schwachen Schall jener ersten Schüsse
hatte sich Washington in dem Boote, das ihn eben
über den Delaware trug, von seinem Sitze erhoben.
Das Auge fest auf das, unter der noch andauern=
den nächtlichen Dämmerung sich nur als ein ferner,
dunkler Streifen von dem lichteren Hintergrunde
abhebende jenseitige Ufer gerichtet, lauschte er ge=
spannt auf jeden Laut, der von dort zu ihm her=
übertönte. Was in seinem Innern sich regen
mochte, sein Antlitz zeigte dieselbe Ruhe wie immer.

Er hatte keinen Blick für die von dem mächtigen
Strome dem Meere zugeführten riesigen Eisschollen,
welche mit jedem Augenblick seinem schwachen Fahrzeuge und den Hunderten von Booten, welche demselben folgten, den Untergang zu bereiten drohten.
Der Mantel war ihm von den Schultern herabge-
glitten, doch die schneidende Kälte des Morgens
übte keinen Eindruck auf ihn. Dort drüben lag die
Entscheidung, dort drüben weilten alle seine Gedanken. Das eherne Schicksal schien in dem eher-
nen Mann sich verkörpert zu haben.

Leichte Nebelstreifen trieben über dem breiten
Wasserspiegel. Der Ostwind steifte sich in der roth
und weißgestreiften Fahne mit den dreizehn goldenen
Sternen in dem blauen Eckschilde, welche der Capitain Maccrea hinter dem Feldherrn aufgerichtet
hielt, und hell und freundlich leuchteten über dem
Siegeszeichen die ewigen Sterne an dem blauen
Himmelsdome. In ihre Pelze und Decken gehüllt,
die treue Büchse im Arm, kauerten um den Hel-
denführer seine Getreuen. Kein Wort ward gewechselt, nur das Rauschen, womit der Kiel der
Fahrzeuge die Woge durchschnitt und das Knirschen
der Eisschollen, wenn sie, den vorübergleitenden
Booten Raum zu geben, von den langen und spitzen
Widerhaken der Kahnführer erfaßt und zur Seite

gelenkt, die eine auf die andere stießen, unterbrachen dies furchtbar ergreifende Schweigen. Ein geistig begabtes Ohr hätte in dieser heiligen Stille hoch in den Lüften den Flügelschlag der hehren Göttin vernehmen mögen, mit welchem sie das kleine Heer dem ersten, entscheidenden Siege der Freiheit entgegenführte.

Achtes Capitel.

„Feuer! — Chargirt! Angeschlagen! Feuer!"
Drei, vier abgegebene Salven hatten die Aufstän=
dischen von der quer vor der nächsten Straßenecke
aufgeworfenen, jedoch kaum in ihren ersten Anfän=
gen vollendeten Barrikade sich in vollster Auflösung
in das Gasthaus hineinwerfen lassen. Der Aus=
gang des ausgebrochenen Kampfes konnte keinem
Zweifel mehr unterliegen. Den Kugeln der auf
Befehl des Oberstlieutenants aus dem Schuppen
neben der Hauptwache herbeigeführten Regiments=
geschütze vermochte die Thür des Hauses unmög=
lich zu widerstehen. Noch feuerten zwar einige
verzweifelte Bursche aus den Fenstern desselben,
doch nach den wenigen von dort fallenden Schüssen
zu urtheilen, schien der Haupttheil der Empörer
den Widerstand bereits aufgegeben und sich, so
lange der Weg durch die hinterliegenden Gärten

noch offen blieb, auf das freie Feld hinausgeflüchtet
zu haben. Die feste Haltung der Offiziere und die
den Leuten eingewohnte Disciplin waren über den
bösen Willen derselben vollständig Herr geworden.
Das Einordnen der eben noch schwankenden Mannschaft in Reih und Glied fügte sich wie von selbst,
alle Bewegungen der neu herbeigeführten Truppen
griffen wie auf dem Exercierplatz maschinenmäßig
sicher ineinander. Binnen wenigen Minuten durf-
ten die Führer der hessischen Abtheilung erwarten,
diese für jede beliebige Verwendung wieder vollständig in der Hand zu haben.

Ein Weib war in flüchtiger Eile zwischen den
dem Gasthause gegenüber aufmarschirten Truppen
aufgetaucht. „Wo ist der Oberst?" richtete sie die
ängstliche Frage an jeden ihr Aufstoßenden. „Um
Gotteswillen! sind denn der Oberst oder der Oberstlieutenant nicht zur Stelle?"

„Was schreit das Weib?" war der Letztere, im
Begriff, die Seinen zu einem letzten Gewaltsturm
zu ordnen, auf sie eingefahren. „Zum Donnerwetter! was hat Sie hier zu suchen? Wird Sie sich
gleich aus den Gliedern fortscheren!"

„Der Feind! der Feind!" rief ihm die so rauh
Abgewiesene, ohne auf sein Schelten zu achten, entgegen. „Die Amerikaner sind über den Fluß ge-

setzt. In diesem Augenblick können sie bereits ge=
landet sein."

„Unsinn!" hatte der Oberstlieutenant das Wort
eingeworfen. Sein Antlitz hatte sich nichtsdesto=
weniger unter der unvermutheten Kunde entfärbt.
„Die Feinde! die Amerikaner!" durchlief ein halb=
lautes Gemurmel die Reihen der Soldaten.

„Nein, nein," beharrte die Frau bei ihrer Aus=
sage, „gewiß und wahrhaftig, der Herr Oberstlieu=
tenant können mir glauben. So dämmerig es auch
noch ist, so habe ich, als ich draußen am Ufer
meine Else zu suchen umhergeirrt bin, doch deutlich
die dem Lande zugleitenden Kähne der Feinde und
selbst die darauf befindlichen Personen unterschieden.
Ihre nächsten Boote waren keine 500 Schritt mehr
vom Ufer entfernt."

„Wird Sie das Maul halten, Sie verdammter
Unglücksrabe!" schnaubte der alte Offizier sie an.
„Das Weib ist verrückt geworden, rein verrückt!
Heda, Unteroffizier, sperre Er mir diesen Schrei=
teufel bis auf Weiteres in die Wachtstube. — Still=
gestanden in den Gliedern oder ... Die Ameri=
kaner danken Gott, wenn wir sie in Frieden lassen.
Die Angst um ihre Tochter hat der alten Hexe
einfach die Sinne geblendet."

Die Handlungsweise und die laut hinausge=

schrieenen Worte des Oberstlieutenants waren augenscheinlich einzig und allein auf die Gegenwirkung
des Eindrucks berechnet, welchen die Nachricht von
der Feindesnähe nur zu sichtlich auf die Mannschaft
ausgeübt hatte. „Angetreten zum Avanciren!"
donnerte sein Commando. „Das Geschütz vor die
Front! Erstes Kanon Feuer! Gebt ihnen noch
ein paar Salven!"

„Schnell, Lieutenant von Pechlin," wandte er
sich unter dem Lärm des neuentbrannten Gefechts
an einen ihn begleitenden jüngeren Offizier, „der
Major von Montot soll mit Allem, was er bereits
zu Händen besitzt, ohne eine Sekunde Verzug gegen
den Strand vorrücken und den Feind so lange als
möglich im Vordringen aufhalten. Was von Truppen noch nicht den Marktplatz erreicht hat, wird
ebendahin dirigirt. Der spätere Rückzug erfolgt
um die Stadt herum. Vor Allem muß die Straße
nach Kingsbrigde festgehalten werden." —

„Herr Oberst, Herr Oberst!" hörte man die
Alte über den ganzen Platz fortrufen. „Die Feinde
sind bei der Stadt gelandet! Es bleibt . . . ." Der
sie fortziehende Unteroffizier versuchte ihre Stimme
zu ersticken, sie rang mit dem ganzen Aufgebot
ihrer Kraft, sich von demselben freizukämpfen.

„Millionbomben . . . ." Es war ein wahrhaft

entsetzlicher Fluch, welchen der Oberstlieutenant ausstieß. „Will mir denn Keiner diesem infamen
Weibe den Schädel einschlagen!" schrie er ganz
außer sich.

Der Oberst mochte in seiner freudigen Erregung den an ihn gerichteten Zuruf kaum vernommen
oder verstanden haben. „Na, Oberstlieutenant,"
rief er diesem schon auf zehn Schritt Entfernung
zu, „jetzt haben wir die Canaillen in der Falle.
Der Krusewitz hat ihnen mit zwei Compagnieen
seines Bataillons den Rückweg durch die Gärten
abgeschnitten, sie sind nunmehr völlig umstellt. Der
Teufel soll mich holen, wenn ich an dieser Schwefelbande nicht noch heute ein furchtbares Exempel
statuire."

„Auch das noch," war ihm der Angeredete mit
einem erneuten wüthenden Ausbruch ins Wort gefallen. „So werden die Hallunken wie die Teufel
fechten. Und wissen es der Herr Oberst schon, der
Feind ist soeben am diesseitigen Ufer gelandet.
Nun denn vorwärts, um zunächst nur hier die
Sache mit einem Schlage zu Ende zu führen."

„Der Feind gelandet, wie denn, Oberstlieutenant? — Ah, bah! Das ist ein schlechter Scherz."
Der Andere hörte bereits nicht mehr.

„Die erste Grenadier-Compagnie das Gewehr

zur Attaque! Die zweite hält sich fertig, den Sturm
zu unterstützen!" ertheilte er vor der Front der
nächsten Abtheilung seine Befehle. In demselben
Augenblick schmetterte der dritte Kanonenschuß die
Thür des Hauses in Trümmern, doch zeigte sich
dahinter bereits eine neue Verrammelung aufge-
thürmt. Auch setzte das Feuer der Aufständischen
nicht aus, eine Kugel derselben hatte dem tapferen
Offizier den Hut vom Kopfe gerissen.

In dem gleichen Moment knatterten einzelne
Schüsse aus der Ferne und die Rufe: „der Feind!
der Feind! wir sind umgangen! Verrath!" ertönte
aus den Gliedern. Die zum Sturm angetretenen
Compagnieen drängten zurück. Die Offiziere mühten
sich umsonst, die gebrochene Ordnung wiederherzu-
stellen.

„Der Rückzug muß sofort angetreten und hinter
der Stadt eine neue Aufstellung genommen werden,"
hatte der Oberstlieutenant sich zu dem wieder an
seiner Seite befindlichen Obersten gewendet.

„Der Rückzug?" entschied der alte Kriegsmann
mit jugendlichem Feuer, „warum nicht gar. Zwei-
tausend Mann hessischer Truppen bleiben allezeit
noch mehr als genug, mit diesem aufrührerischen
Gesindel, und wenn's sein muß, mit zehntausend
Amerikanern zugleich fertig zu werden. Auch be-

finden sich ja die sämmtlichen Fahnen der beiden
Regimenter, mit Ausnahme der einen von der
Hauptwache, noch dort in meinem Quartier. Das
Haus muß genommen werden."

„Halt! Steht! Folgt mir, Grenadiere!" versuchte der Oberstlieutenant, ohne ein Wort zu erwidern, die Leute durch sein Beispiel mit sich fort-
zureißen. Vorwärts die erste Compagnie!"

Die Erschütterung der Masse und vielleicht auch
der plötzlich wiedererwachte böse Wille der Mannschaft waren indeß bereits zu hoch gestiegen, als
daß der angetretene Sturm hätte glücken mögen,
schon auf die ersten zwanzig Schritt stockte der
Sturmlauf. Die Compagnie verfiel ins Feuern und
die vorigen Rufe ertönten von Neuem. Die zweite
Compagnie rückte jener nur nach, um von derselben
in Unordnung mit zurückgerissen zu werden. Von
dem Umkreise der Stadt krachte jetzt Salve um
Salve immer näher, bereits bestrichen die Kugeln
der durch die Gärten von Trenton eingedrungenen
amerikanischen Scharfschützen den Marktplatz. Die
Verwirrung noch zu erhöhen, war gleichzeitig durch
die von dem Obersten dahin detachirte Abtheilung
das Gasthaus im Rücken angegriffen worden, und
zwar schien der von dessen Vertheidigern aus dieser
Richtung wahrscheinlich nicht erwartete Sturm im

erſten Anlauf gleich einen günſtigen Erfolg erzielt
zu haben. Man vernahm wilden Kampfruf an=
ſcheinend ſchon aus dem Innern des Gebäudes und
Schüſſe blitzten hinter den Fenſtern deſſelben auf.

„Zurück! zurück!" drängte der Oberſtlieutenant.
„Vor Allem gilt's, das Corps zu ſammeln und die
Straße nach Kingsbridge zu behaupten."

„In Ewigkeit nicht!" beharrte der Oberſt auf
ſeinem Willen. „Die Schande, dieſen amerikani=
ſchen Banden die Fahnen meiner Regimenter zu
überlaſſen, brächte mich um. Tauſendmal lieber ſter=
ben, als vor ſolch einem elenden Feinde das Feld
räumen. Steht, meine Kinder! Feſtgeſchloſſen!
Vorwärts mit dem Bajonett! Ihr werdet dieſe
Kerle, die ſo oft vor Euch gelaufen ſind, doch nicht
wollen Herr über Euch werden laſſen?"

Die Worte und der Feuereifer des greiſen Füh=
rers hatten bei den Leuten gezündet. Die feindliche
Abtheilung, auf welche der von dem Oberſten in
Perſon geführte Angriff getroffen wäre, würde ſicher
einen ſchweren Stand gehabt haben. Zum Unglück
bot indeß der Feind noch nirgend eine geſchloſſene
Maſſe, und unter den ſicheren Schüſſen der unſicht=
baren feindlichen Schützen, welche die Heſſen, noch
ungeübt in dem von den Amerikanern zuerſt erfun=
denen und in Anwendung geſetzten Tirailleurgefecht,

nur mit ganzen Salven zu erwidern vermochten,
stockte auch diese neue Angriffsbewegung um so eher,
als zusammentreffend hiermit aus allen Straßen die
noch in den Quartieren zurückgebliebenen Soldaten=
frauen und der Troß vor den in die Stadt einge=
drungenen Feinden dem Marktplatz zustürzten und
mit ihrem Angstgeschrei und der blinden Hast ihrer
Flucht bald auch die allgemeine Unordnung und
Verwirrung auf die Soldaten mit übertrugen.

„Mann, Mann, finde ich Dich denn endlich!"
Der Zufall hatte in diesem verwirrten Getümmel
die Frau des Sergeanten mit ihrem Manne zusam=
mentreffen lassen. „Schnell komm. Helfe mir doch,
unsere Siebensachen zusammenzuraffen. Wir werden
doch über diesen Wirrwarr hier nicht unser ganzes
Bischen Hab und Gut noch darangeben sollen.
Ach Du mein Gott! und dann die Else. . . . Mann,
Du hast mir ja noch nicht gesagt, wo Du die Else
gesehen hast."

Der würdige Gemahl schien in irgend welchem
Versteck seinen vorigen Schreck und seine Angst mit
der entsprechenden Anzahl von Schnäpsen bekämpft
zu haben. Er schwankte höchst verdächtig auf seinen
Beinen und seine Kupfernase leuchtete in verdoppel=
tem Glanze. „Hole Dich der Teufel und die Else
dazu!" schnaubte er seine Frau an. „Das fehlte

16

mir gerade auch noch, mich Euretwegen aufzuhal=
ten. He, man hat am Ende seine Studien ge=
macht, hier muß Jeder zuerst sich selbst zu salviren
sorgen."

Von einer neuen, durch die zum Ufer führenden
Straße heranstürzenden Flüchtlingswoge waren die
Beiden bereits wieder auseinandergerissen worden·
— „Der Major Montot ist erschossen, seine Mann=
schaft hat sich gefangen gegeben!" erschallte das
Geschrei. Die Verwirrung außen auf dem Platze
schien den Muth und die Kraft der Vertheidiger
des Gasthauses verdoppelt zu haben. — „Auf sie!
Vorwärts! Fall't aus!" vernahm man von dort
Morsbach's Stimme. Der Kampf daselbst hatte sich
plötzlich auf den Hausflur übertragen, wo der eine
Theil die hinter der gesprengten Hausthür aufge=
thürmten Hindernisse niederzureißen, der andere
diese Schutzwehr zu behaupten versuchte.

„Wir sind umgangen! Alles verloren! Der
Feind hat die Stadt eingeschlossen!" Aus der auf
das freie Feld führenden Straße waren die vordersten
Flüchtlinge wieder zurückgestürzt. Alles wirrte durch=
einander.

„Da ist der Schuft, der Kröcher! Nieder mit
dem Hallunken!" Sein Unstern hatte den Serge=
anten mit der rathlos umhertreibenden Menge

gerade auf die Front der noch Stand haltenden
hessischen Abtheilung zugewirbelt. Eine ganze Salve
blitzte auf, unter zwanzig mit ihm zugleich Nieder-
gestreckten war der Elende, von drei Kugeln in die
Brust und einer oder zwei in die Stirn getroffen,
lautlos zusammengebrochen.

Der Oberst schien unter dem immer unabwend-
barer hereinbrechenden Unglück verzweifeln zu wollen.
„Steht! Vorwärts!" feuerte er unausgesetzt die Seinigen an. „Nur keinen Schritt zurück!" Der klare
Ueberblick der Verhältnisse war dem alten Manne
völlig verloren gegangen.

„Erste und dritte Compagnie," commandirte der
Oberstlieutenant, „halt, Front! Chargirt! Feuer!
Zweite und vierte Compagnie in Sections mit halb-
links abgebrochen!"

„Nein, halt!" eiferte der Oberst. „Noch be-
fehlige ich hier, Herr Oberstlieutenant von Denow.
Zurück in die Front! Ich will und kann mich nicht
zurückziehen. Steht..." Er drehte sich plötzlich
um sich selbst und fuhr mit beiden Händen nach seiner
Stirn. Ein paar herzustürzende Leute griffen den
Sinkenden auf, eine Kugel war ihm einen Zoll oberhalb der Schläfe in die Stirne gedrungen.

„Zweite und vierte Compagnie im Sturmschritt
vorwärts, Marsch!" schallte das Commande des

16*

Oberſtlieutenants, „die dritte Compagnie ſchließt
ſich an. Den Verwundeten in die Mitte derſelben.
Die erſte Compagnie — Feuer! Chargirt, Feuer!
— So', jetzt ebenfalls mit Sections abgebrochen.
Mit halblinks, vorwärts Marſch!"

„Nein, nein," ſträubte ſich der Sterbende, „laßt
mich — Gottlob, daß ich dieſe Schmach nicht zu
überleben brauche — Denow — rettet — die
Fahnen."

Der Feind war von allen Seiten auf den Platz
herausgebrochen. In wildem Gewühl ſchlug man
ſich Mann wider Mann. Vor dem Gaſthauſe hatte
ſich das Gefecht ebenfalls auf den Markt übertragen.

„Halt!" herrſchte Morsbach den Seinigen zu.
„Zu mir, die für Amerika! Doch noch ſind jene
unſere Cameraden, gebt Raum, wer ſich retten will!"
Der noch zuſammengeſchloſſene Reſt der treu geblie=
benen Heſſen war durch die vorhin von den Aufſtän=
diſchen verbarricadirte Gaſſe durchgebrochen. Hin=
ter ihnen ſchlugen die Wogen des Kampfes über alle
noch demſelben Rettungsweg zuſtrebenden vereinzelten
Häuflein zuſammen.

Mitten durch das Gewühl der Kämpfenden hatte
ſich ein Mädchen in der Richtung nach der Haupt=
wache Bahn gebrochen. Ihr Ruf: „Morsbach!
Morsbach!" ſchallte durch die verlaſſenen Räume

des Gebäudes. Nach einigen Minuten erschien sie
blaß und verstört wieder unter der Thür desselben.
Der bei den Gewehrständern umgestürzt liegende
Galgen ließ sie das Schrecklichste ahnen. In
stummen Jammer rang sie die Hände.

„J, Du mein Gott, da ist ja die Else! Else,
mein Kind! Nein, die Freude, Du lebst, Du bist
gesund und ich hatte Dich schon verloren gegeben.
Schnell, nur schnell, spring mit auf den Wagen."
Die alte Marketenderin kutschirte vor ihrem in der
Eile mit allerhand Gerümpel beladenen Wägelchen
einen elenden alten Gaul. Ihre Mutterliebe und
ihr Interesse kämpften momentan einen schweren
Kampf miteinander.

„Mutter, Du —" das Mädchen strich sich die
Haare aus der Stirn, sie schien ihre Gedanken so
schnell nicht sammeln zu können. „Wo ist er? Um
Gotteswillen! Mutter, verschweige mir nichts. Ist
er todt?"

„Wer denn?" war ihr die Mutter in die Rede
gefallen, „Dein Vater? Ach, um den kümmere Dich
nicht. Der soll mir nur kommen, den will ich —
Doch eile Dich, komm, sitz' schnell mit auf, auf
den Wagen. Die Straße nach dem Strande ist
noch offen, während sie sich hier schlagen, werden
wir durch die Quergasse da weiter unten und den

Fahrweg zwischen den Zäunen sicher noch das Freie gewinnen können."

„Nein, Mutter, ich kann nicht!" entschied sich das Mädchen. „Morsbach? Wo ist Morsbach? Ist er todt?"

„Ach so, der?" staunte die Alte, „nein, ge= hängt haben sie den noch nicht, und" — sie blickte von ihrem erhöhten Sitz über den Platz — „ja wohl, da ist er ja selbst. Siehst Du ihn nicht dort mitten unter den Aufständischen? Aber Else, denke nicht mehr an den. Der Oberst und der Va= ter haben in Betreff seiner schon ganz Recht gehabt. Sie sagen, er hat den ganzen Aufstand angest . . . Else! Kind! Halt doch, Halt! Um Gotteswillen!"

„Herr Du meine Güte, daß ich daran, auch nicht gedacht habe," jammerte die Mutter, starr vor Schrecken ihrer bereits in dem wilden Kampf= gewühl verschwundenen Tochter nachschauend. „Kaum gefunden, soll ich mein Kind, mein einziges Kind wieder verloren geben — da, da ist sie wieder — Himmel! Da hat sie sich diesem Revoltemacher gar an den Hals geworfen. Wo mir Einer das gesagt hätte, daß ich das von meiner Else noch erleben würde. — Und sie ist schon starrköpfig genug, sie läßt von dem nicht mehr. Aber was soll ich denn selber nun beginnen? Wenn ich gleich lieber auch mit hier bliebe. — Indeß nein, das geht doch nicht, ich bin eine ehrliche Frau und habe mein Lebelang mit Aufrührern und Empörern nichts zu thun gehabt . . ."

„Hollah! halt, altes Weibsen!" Ein paar einen Verwundeten zurückführende amerikanische Milizen waren an der nächsten Ecke sichtbar geworden. „Hierher mit dem Wagen!" Die Gefahr verlieh der resoluten kleinen Frau ihre ganze Entschieden- heit wieder. Mit der Peitsche wüthend auf ihr Pferd einhauend, rasselte das leichte Gefährt die Straße hinunter und im nächsten Moment hatte der Wagen in die nächste Duergasse eingebogen. Glücklich gelang es ihr, den Anschluß an den ge- retteten kleinen Rest ihrer Truppen wieder zu ge- winnen. Das starre, unnachgiebige Gefühl der Pflicht, dieselbe Eingewöhnung in eine jeden Selbst- willen und jede Selbstbestimmung ausschließende und ertödtende Disciplin, welche ja auch den überwie- genden Theil der durch die empörendsten Mittel zum Kriegsdienst für eine ihnen ganz fremde Sache gepreßten hessischen Soldaten bis zuletzt hatte käm- pfen lassen, wirkten mächtig genug, auch Mutter und Kind von einander zu reißen. Es war ja eben die Aufgabe dieses und des noch größeren Kampfes der späteren französischen Revolution, den während

ter erſten zwei Drittheile des vorigen Jahrhunderts
die Maſſen durchbringenden Sclavengeiſt der unbe=
dingten Unterordnung unter den Willen und das
Belieben ihrer Herrſcher zu brechen und den eigenen
Gedanken, die eigene freie Ueberzeugung, die indi=
viduelle Freiheit wieder in ihre ewigen Rechte ein=
zuſetzen.

Der Kampf war beendet, der Sieg konnte kaum
vollſtändiger ſein. In der Ueberfülle ſeines Glücks
hielt Morsbach ſeine Elſe umſchlungen. Die Kunde
von dem, was dieſe für ihn gewagt, war ihm aus
Washington's eigenem Munde geworden und zugleich
hatte ihn der amerikaniſche Obergeneral zum Haupt=
mann einer Compagnie der übergetretenen Heſſen
befördert.

„Meine Mutter!" riß ſich das Mädchen, von
einer ihr plötzlich aufgeſtiegenen Erinnerung ergriffen,
aus den Armen des geliebten Mannes los. „Um
Gott, Morsbach, wenn ihr ein Unglück zugeſtoßen
wäre! Dort an jener Ecke bin ich ihr zuletzt be=
gegnet. Laß mich, ich muß fort, ſie aufzuſuchen
und —" Sie wagte die Erwähnung ihres Vaters
nicht hinzuzufügen.

Ihr Geliebter las ihre ſtumme Frage in ihren
Augen. „Dein Vater," erwiderte er ernſt, „hat
geerntet, was er geſäet hat; denke nicht mehr an

ihn. Um Deine Mutter dagegen sorge Dich nicht, wir werden sie wiederfinden. Wenn aber der Lenker dort über den Sternen es anders beschlossen haben sollte, nun Else, so müssen wir Beide uns Alles in Allem zugleich sein. Bin ich doch, durch meine heutige That, wohl ebenfalls für immer von den Meinigen getrennt worden. Der freie Boden dieses Landes soll uns fortan Vater, Mutter und Verwandte ersetzen."

Die neun genommenen Fahnen waren vor dem siegreichen amerikanischen Feldherrn entfaltet worden und der Jubel der freudetrunkenen Sieger erfüllte die Lüfte.

„Hoch Washington! Hoch die Freiheit! Victoria! Victoria!"